योद्धा का मंत्र

हनुमान चालीसा का रहस्योद्घाटन

डॉ. मीनाक्षी बंसल

Made with ❤ on the Notion Press Platform
www.notionpress.com

क्रम-सूची

क्रम-सूची

प्रार्थना

ॐ भद्रं कर्णेभिः शृणुयाम देवाः।
भद्रं पश्येमाक्षभिर्यजत्राः।
स्थिरैरंगैस्तुष्टुवांसस्तनूभिः।
व्यशेम देवहितं यदायुः।
स्वस्ति न इंद्रो वृद्धश्रवाः।
स्वस्ति नः पूषा विश्ववेदाः।
स्वस्ति नस्ताक्ष्यों अरिष्टनेमिः।
स्वस्ति नो बृहस्पतिर्दधातु।
ॐ शांतिः शांतिः शांतिः।

यह मंत्र सार्वभौमिक कल्याण के लिए प्रार्थना है। इसमें विभिन्न देवताओं से सुरक्षा, स्वास्थ्य और सुख के लिए आशीर्वाद की याचना की गई है। यह मंत्र सभी इंद्रियों से शुभ का अनुभव करने और दिव्य उद्देश्य के साथ जीवन जीने के महत्व को रेखांकित करता है।

इंद्र, पूषा, ताक्ष्य (गरुड़) और बृहस्पति की कृपा से यह प्रार्थना जीवन में कल्याण और शांति की कामना करती है। अंत में "ॐ शांतिः शांतिः शांतिः" तीन बार दोहराने का अर्थ है - व्यक्तिगत, पर्यावरणीय, और वैश्विक स्तर पर शांति की गहन कामना। यह मंत्र शांति, समृद्धि और सभी प्राणियों के शारीरिक एवं आध्यात्मिक कल्याण के लिए पाठ किया जाता है।

लेखिका के बारे में

डॉ. मीनाक्षी बंसल, जो भारत की राजधानी दिल्ली में जन्मीं, ने अपनी ज़िंदगी कला, शिक्षा, और समाज कल्याण के प्रति गहरी प्रतिबद्धता के साथ बिताई है। विवाह के बाद, उन्होंने अहमदाबाद, गुजरात को अपना नया निवास स्थान बनाया, जहाँ वे प्रेरणा का स्रोत बनकर उभरीं। डॉ. मीनाक्षी न केवल ललित कला की कुशल कलाकार हैं, बल्कि एक प्रतिष्ठित लेखिका, समर्पित समाजसेविका और मनोविज्ञान की विद्वान शोधकर्ता भी हैं। उनका जीवन, विशेष रूप से समाज के वंचित और पिछड़े बच्चों के उत्थान के प्रति समर्पण, सहभागिता और सहानुभूति की शक्ति में उनके गहरे विश्वास का परिचायक है।

अपने प्रारंभिक दिनों से ही मीनाक्षी ने पढ़ने के प्रति एक अदम्य लगन दिखाई। उनके साहित्यिक संसार में नैतिक कहानियाँ, प्रेरणादायक कथाएँ, और जीवन पाठों से परिपूर्ण पौराणिक गाथाएँ शामिल थीं। यह पढ़ने की आदत केवल व्यक्तिगत विकास के लिए नहीं थी, बल्कि छात्रों और सहकर्मियों के विकास के लिए इन कहानियों के सार को साझा करने की इच्छा से प्रेरित थी। वे विशेष रूप से आदि शंकराचार्य, स्वामी विवेकानंद, डॉ. एपीजे अब्दुल कलाम, महामना पंडित मदन मोहन मालवीय, महात्मा गांधी, सरदार वल्लभभाई पटेल, और विनोबा भावे जैसे ऐतिहासिक और आध्यात्मिक नेताओं के जीवन और शिक्षाओं से प्रभावित थीं। उनके विचार और जीवन कथाएँ मीनाक्षी को दृढ़ता, निःस्वार्थता और ज्ञान की खोज के आदर्शों को अपनाने के लिए प्रेरित करती रहीं।

डॉ. मीनाक्षी का मनोविज्ञान में शैक्षणिक और व्यावहारिक योगदान भी उल्लेखनीय है। एक शोधकर्ता के रूप में, उनका ध्यान मानव मन की जटिलता को समझने और मनोवैज्ञानिक कल्याण और सामाजिक समरसता के लिए संभावनाओं को उजागर करने पर केंद्रित रहा है। उनके सामाजिक कार्यों में, वे अपने अकादमिक ज्ञान को समाज के वंचित वर्गों के जीवन में वास्तविक परिवर्तन लाने के लिए उपयोग करती हैं। उनका समाज सेवा का दृष्टिकोण पारंपरिक ज्ञान और आधुनिक मनोवैज्ञानिक पद्धतियों का अनूठा संयोजन है, जो समाज के बहुआयामी मुद्दों का समाधान करता है।

उनकी कलात्मक प्रतिभाएँ, जो उनके विविध कौशल का एक और पहलू हैं, केवल व्यक्तिगत रुचि तक सीमित नहीं हैं। उनकी कला प्रतीकात्मकता और भावनात्मक गहराई से भरपूर होती है, जो उनके दार्शनिक विचारों और सामाजिक चिंताओं को व्यक्त करती है। उनकी रचनाएँ दर्शकों को उनके बुद्धिमत्ता और करुणा की गहराई में झांकने का अवसर प्रदान करती हैं।

कला और समाज विज्ञान के अतिरिक्त, डॉ. मीनाक्षी ने प्राणिक हीलिंग की उपचार कला में भी महारत हासिल की है, जिसे मास्टर चोआ कोक सुई ने विकसित किया था। यह पद्धति, जो शरीर और आभा को ठीक करने के लिए प्राण या जीवन ऊर्जा के उपयोग पर केंद्रित है, न केवल उनके लिए एक व्यक्तिगत खोज रही है, बल्कि दूसरों को उपचार प्रदान करने का एक माध्यम भी है। प्राणिक हीलिंग में उनकी दक्षता विभिन्न प्रकार के ध्यान सिखाने और अभ्यास के साथ पूरी होती है, जो व्यक्तियों और समुदायों में पुनरुत्थान, व्यक्तिगत विकास और समरसता के संवर्धन पर केंद्रित है।

डॉ. मीनाक्षी का जीवन केवल व्यक्तिगत उपलब्धियों की खोज नहीं है, बल्कि समाज के उत्थान और सशक्तिकरण के प्रति समर्पित एक यात्रा है। उनकी विविध रुचियाँ और प्रतिभाएँ—कला, साहित्य, मनोविज्ञान, और उपचार पद्धतियों को जोड़ती हुई—सेवा के एकमात्र पथ पर केंद्रित हैं। वे उन महान हस्तियों की भावना को आत्मसात करती हैं, जिन्होंने उन्हें प्रेरित किया, और अपने कार्यों और शिक्षाओं के माध्यम से उनकी विरासत को आगे बढ़ाती हैं। अपनी पुस्तकों, कला और सामाजिक पहलों के माध्यम से, वे नई पीढ़ी को आत्म-खोज, दृढ़ता और निःस्वार्थता की यात्रा पर चलने के लिए प्रेरित करती हैं।

समाज कल्याण के प्रति उनकी प्रतिबद्धता, विशेष रूप से वंचित बच्चों के उत्थान पर ध्यान केंद्रित करना, शिक्षा और व्यक्तिगत विकास की परिवर्तनकारी क्षमता की उनकी गहरी समझ को दर्शाती है। मनोविज्ञान, कलात्मक संवेदनशीलता और उपचार पद्धतियों के ज्ञान को जोड़कर, डॉ. बंसल ने एक समग्र दृष्टिकोण विकसित किया है जो न केवल तात्कालिक आवश्यकताओं बल्कि समुदायों की दीर्घकालिक भलाई को भी संबोधित करता है।

एक लेखिका के रूप में, डॉ. मीनाक्षी की रचनाएँ प्रेरणादायक अंतर्दृष्टियों,

व्यावहारिक ज्ञान और उनके विस्तृत अध्ययन और जीवन के अनुभवों से लिए गए चिंतनशील विचारों का मिश्रण प्रस्तुत करती हैं। उनकी पुस्तकें उन लोगों के लिए मार्गदर्शिका के रूप में कार्य करती हैं, जो जीवन की जटिलताओं को अनुग्रह, दृढ़ता और उद्देश्य के साथ नेविगेट करना चाहते हैं। अपनी कहानियों के माध्यम से, वे अपने पाठकों को अपने भीतर की गहराइयों का पता लगाने और समाज की सामूहिक भलाई में अर्थपूर्ण योगदान देने के लिए आमंत्रित करती हैं।

डॉ. मीनाक्षी बंसल में हमें एक अद्वितीय कलाकार, विद्वान, उपचारकर्ता और सामाजिक कार्यकर्ता का अद्भुत समन्वय मिलता है। उनका जीवन कार्य आशा का प्रतीक और दुनिया में बदलाव लाने की इच्छा रखने वाले व्यक्तियों के लिए प्रेरणा का स्रोत है। उनकी कहानी सहानुभूति और मानवता की भलाई के प्रति गहरी प्रतिबद्धता से प्रेरित व्यक्तिगत प्रयासों की शक्ति की एक प्रेरक याद दिलाती है। डॉ. मीनाक्षी की विरासत केवल उनके प्रयासों के ठोस परिणामों में नहीं है, बल्कि उस स्थायी जिज्ञासा, सहानुभूति और सेवा की भावना में है, जिसे वे प्रतिपादित करती हैं।

प्रस्तावना

बचपन की स्मृतियों के वे धुंधले कोने, जहां "हनुमान चालीसा" की गूंजती हुई ध्वनि पहली बार सुनाई दी थी, से लेकर आधुनिक जीवन की व्यस्त वास्तविकताओं तक, यह स्तोत्र मेरी छाया की तरह मेरे साथ रहा है—कभी एक फुसफुसाहट के रूप में, तो कभी एक मार्गदर्शक के रूप में। यह पुस्तक इस प्राचीन ग्रंथ के प्रति गहरी श्रद्धा और इसके छंदों में निहित स्थायी ज्ञान के प्रति उत्सुकता से उत्पन्न हुई है। छोटी बच्ची के रूप में, मैंने अपने बुजुर्गों को इस स्तोत्र को गंभीरता और भक्ति के साथ पढ़ते हुए देखा, उनकी आवाज़ों में एक अजीब शक्ति थी, जो हवा को शांत करती और आत्मा को जागृत करती थी। यह रहस्य—"हनुमान चालीसा" की गहन भावनात्मक और आध्यात्मिक गूंज—हनुमान के जीवन और उनके पाठों के बड़े अन्वेषण का बीज बन गया, जिन्हें उनकी शक्ति, साहस और निष्ठा के लिए सदियों से पूजा जाता है।

"योद्धा का मंत्र" में, मैंने "हनुमान चालीसा" के प्रत्येक छंद का अध्ययन किया है, यह समझने के लिए कि कैसे प्राचीन शब्द कालातीत ज्ञान में बदलते हैं। यह केवल आध्यात्मिक या धार्मिक टिप्पणी की पुस्तक नहीं है; यह एक आमंत्रण है कि हम एक पौराणिक व्यक्तित्व के गुणों को कैसे अपने आधुनिक जीवन में आत्मसात कर सकते हैं, जो सहनशीलता, साहस, निष्ठा और विनम्रता के अंतर्दृष्टि प्रदान करता है। हनुमान की कहानी, उनके चमत्कारी जन्म से लेकर महाकाव्य रामायण में उनके अडिग कारनामों तक, केवल दिव्य कार्यों की कहानियां नहीं हैं; वे व्यक्तिगत विकास और आध्यात्मिक दृढ़ता के लिए एक मार्गदर्शिका प्रदान करती हैं।

यह अन्वेषण एक व्यक्तिगत यात्रा में निहित है, जिसे शैक्षणिक अध्ययन और चिंतनशील ध्यान की बुनाई से गहराई दी गई है। "हनुमान चालीसा" का छंद-दर-छंद विश्लेषण करके, मैं इस प्राचीन ग्रंथ की ऐतिहासिक और पौराणिक उत्पत्ति को समकालीन जीवन के लिए व्यावहारिक अनुप्रयोगों के साथ जोड़ने का प्रयास करती हूं। प्रत्येक छंद एक गुण और रणनीति का पाठ है, यह प्रकट करते हुए कि सच्ची शक्ति नैतिक अखंडता और निःस्वार्थता के साथ उतनी ही जुड़ी हुई है जितनी शारीरिक कौशल और साहस के साथ।

हनुमान का कथानक हमें सिखाता है कि योद्धा होना केवल बाहरी शत्रुओं से लड़ने के बारे में नहीं है, बल्कि भय, अज्ञानता और स्वार्थ जैसे आंतरिक विरोधियों का सामना करने के बारे में भी है। हनुमान शक्ति और ज्ञान, साहस और अनुग्रह का आदर्श संतुलन प्रदर्शित करते हैं, जो किसी भी व्यक्ति के लिए एक आदर्श प्रतीक हैं जो व्यक्तिगत चुनौतियों और सामाजिक बाधाओं को पार करना चाहता है। प्रभु राम के प्रति उनकी भक्ति केवल आध्यात्मिक उत्साह की कहानी नहीं है, बल्कि निष्ठा और प्रेम की परिवर्तनकारी शक्ति का प्रमाण है।

इस पुस्तक के पृष्ठों के माध्यम से, मैं इस बात का अन्वेषण करती हूं कि भक्ति कैसे परिवर्तन के लिए एक शक्तिशाली उत्प्रेरक हो सकती है—केवल आध्यात्मिक रूप से नहीं, बल्कि बहुत ही ठोस और व्यावहारिक तरीकों से। हनुमान द्वारा प्रदर्शित भक्ति, दूसरों के कल्याण के लिए गहरी प्रतिबद्धता को दर्शाती है, जो सेवा को आत्मज्ञान के मार्ग के रूप में देखती है। यह पुस्तक यह तर्क प्रस्तुत करती है कि ऐसी कालातीत अच्छाइयाँ न केवल प्रासंगिक हैं बल्कि उस दुनिया में आवश्यक हैं, जो अक्सर समुदाय पर व्यक्तिवाद और नैतिक विकास पर भौतिक सफलता को प्राथमिकता देती है।

इसके अतिरिक्त, "हनुमान चालीसा" का पुनः अवलोकन और व्याख्या करना व्यक्तिगत और सामूहिक ध्यान का कार्य है, एक आध्यात्मिक अभ्यास है जो परिश्रम और ध्यान की मूल्यों को सुदृढ़ करता है। इस पुस्तक को लिखने की प्रक्रिया अपने आप में भक्ति का एक अभ्यास रही है—सम्मान और श्रद्धा को समझ और अंतर्दृष्टि में बदलने का एक प्रयास।

जैसे-जैसे हम साथ में इन छंदों की यात्रा करेंगे, यह पुस्तक पाठकों को अपने जीवन पर विचार करने, अपनी ताकत और भक्ति का अपना संस्करण खोजने और शायद अपने भीतर हनुमान की झलक पाने के लिए आमंत्रित करती है। चाहे कोई व्यक्ति इस पुस्तक की ओर आध्यात्मिक जिज्ञासा, शैक्षणिक रुचि, या व्यक्तिगत मार्गदर्शन की खोज में आकर्षित हुआ हो, लक्ष्य एक ही है: प्राचीन ज्ञान के दृष्टिकोण से जीवन के संघर्षों और विजय का गहरा जुड़ाव प्रेरित करना।

इस कथा को तैयार करते समय, मेरी आशा है कि आप, पाठक, "योद्धा का मंत्र"

को केवल शिक्षाप्रद नहीं बल्कि परिवर्तनकारी पाएंगे, जो आधुनिक अस्तित्व की जटिलताओं को अनुग्रह और दृढ़ता के साथ नेविगेट करने का एक नया दृष्टिकोण प्रदान करेगा। आइए हम इस यात्रा पर केवल निष्क्रिय दर्शक नहीं, बल्कि सक्रिय प्रतिभागी बनकर चलें, "हनुमान चालीसा" की संपदाओं को उजागर करने और इसके पाठों को अपने जीवन में शामिल करने के लिए उत्सुक रहें।

डॉ. मीनाक्षी बंसल
समाजसेविका
अहमदाबाद, गुजरात, भारत

1

"हनुमान चालीसा" एक गहन आह्वान

"हनुमान चालीसा" एक गहन आह्वान के साथ शुरू होती है, जो पूरे स्तोत्र के लिए स्वर सेट करती है। यह प्रारंभिक समर्पण केवल एक परिचय नहीं है; यह एक आध्यात्मिक आह्वान है, जो उन लोगों के साथ गहराई से प्रतिध्वनित होता है जो अपने जीवन में शक्ति और साहस की खोज कर रहे हैं। चालीसा के पहले दो छंद हनुमान की अद्भुत शक्तियों को उजागर करते हैं, जो भक्ति, शक्ति, और निष्ठा के प्रतीक हैं। यह आह्वान हनुमान द्वारा प्रदर्शित अद्भुत ऊर्जा की याद दिलाता है, भक्तों को मार्गदर्शन और सुरक्षा के लिए उनके नाम का आह्वान करने के लिए प्रेरित करता है।

आध्यात्मिक प्रथाओं की शुरुआत में हनुमान का नाम लेना उनके आशीर्वाद प्राप्त करने का एक पारंपरिक तरीका है। यह कृत्य केवल औपचारिकता नहीं है, बल्कि एक गहरी, उद्देश्यपूर्ण कड़ी है जो पूजा और चिंतन के लिए एक पवित्र स्थान का निर्माण करती है। यह किसी भी कार्य को स्पष्ट मन और केंद्रित हृदय के साथ शुरू करने के महत्व को रेखांकित करता है, उस दिव्य समर्थन की तलाश में जो हनुमान प्रदान करते हैं। यह आह्वान एक आध्यात्मिक आधार के रूप में कार्य करता है, जो प्रतीकात्मक रूप से हनुमान की उपस्थिति के माध्यम से भक्त को स्थिरता और आत्मविश्वास प्रदान करता है।

जैसे-जैसे चालीसा आगे बढ़ती है, हनुमान का आह्वान केवल उनकी मदद लेने के

लिए नहीं है, बल्कि उनके गुणों को अपनाने के लिए भी है। हनुमान के अद्भुत बल, निडर साहस और प्रभु राम के प्रति गहन भक्ति के गुण वे हैं जिन्हें हर मनुष्य अपने जीवन में विकसित करने की आकांक्षा कर सकता है। यह स्तोत्र केवल एक देवता की स्तुति नहीं है; यह भक्त को व्यक्तिगत विकास और आध्यात्मिक उन्नति के पथ पर मार्गदर्शन करता है।

छंदों का अर्थ समझना

"हनुमान चालीसा" का प्रत्येक छंद प्रतीकों और गहरे अर्थों से भरपूर है। हनुमान की प्रशंसा केवल उनके शारीरिक बल के लिए नहीं है, बल्कि उनके आध्यात्मिक कद और बाधाओं को दूर करने में उनकी भूमिका के लिए भी है। उन्हें ऐसा वर्णित किया गया है जो अपनी इच्छानुसार रूप बदल सकते हैं, पहाड़ों को हिला सकते हैं, आकाश में उड़ सकते हैं, और अपने ज्ञान और विनम्रता के साथ अपनी शक्तियों का उपयोग कर सकते हैं। ये वर्णन रूपक शिक्षाएं हैं जो अनुयायियों को ज्ञान, विनम्रता, शक्ति और भक्ति के गुणों को अपने जीवन में अपनाने के लिए प्रेरित करती हैं।

इसके अलावा, ये छंद महाकाव्य रामायण में हनुमान की अनूठी भूमिका को उजागर करते हैं, जहां उन्होंने सीता की खोज और रावण की पराजय में महत्वपूर्ण भूमिका निभाई। यह कथात्मक संदर्भ भक्तों को यह समझने में मदद करता है कि कैसे चुनौतियों का सामना ईमानदारी और विश्वास के साथ किया जा सकता है। प्रत्येक छंद के साथ, यह आध्यात्मिक ज्ञान की परतों को प्रकट करता है, भक्ति की परिवर्तनकारी शक्ति और निःस्वार्थ सेवा के महत्व को रेखांकित करता है।

शिक्षाओं का अनुप्रयोग

"हनुमान चालीसा" की शिक्षाएँ कालातीत हैं और आधुनिक जीवन के लिए गहरे प्रभाव रखती हैं। आज की तेज़-तर्रार दुनिया में, जहां तनाव और चिंता आम हैं, चालीसा आराम और शक्ति का स्रोत बनती है। यह हमें सिखाती है कि साहस और विनम्रता एक साथ रह सकते हैं, कि सच्ची शक्ति नैतिक अखंडता में है, और यह कि दूसरों की निःस्वार्थ सेवा से व्यक्तिगत और आध्यात्मिक संतुष्टि प्राप्त हो सकती है।

इन छंदों का दैनिक पाठ या ध्यान करने से व्यक्ति जीवन के प्रति अधिक जागरूक और करुणामय दृष्टिकोण विकसित कर सकता है। हनुमान के गुण—उनकी शक्ति, साहस, भक्ति और विनम्रता—केवल आध्यात्मिक अवधारणाएँ नहीं रहते, बल्कि व्यावहारिक विशेषताएँ बन जाते हैं जो दुनिया में किसी के कार्यों और संबंधों का मार्गदर्शन कर सकती हैं।

इन शिक्षाओं को अपनाकर, भक्त जीवन की चुनौतियों का अनुग्रह और दृढ़ता के साथ सामना करना सीखते हैं, हनुमान के उदाहरण से प्रेरित होकर। "हनुमान चालीसा" के माध्यम से बुने गए पाठ सेवा के जीवन को प्रोत्साहित करते हैं, हमें यह याद दिलाते हैं कि हमारे कार्यों का आसपास की दुनिया पर महत्वपूर्ण प्रभाव पड़ सकता है। ये हमें यह भी सिखाते हैं कि प्रतिकूलताओं का सामना करते समय, हम अपनी आंतरिक शक्ति और उस दिव्य समर्थन का आह्वान कर सकते हैं, जो यह आह्वान लाता है।

संक्षेप में, "हनुमान चालीसा" एक आध्यात्मिक मार्गदर्शक पुस्तक है जो केवल एक पूजनीय देवता की प्रशंसा तक सीमित नहीं है; यह एक ऐसा खाका प्रदान करती है जो आध्यात्मिक और नैतिक मूल्यों से समृद्ध जीवन जीने के लिए प्रेरित करती है। प्रारंभिक आह्वान इन शिक्षाओं के साथ एक गहन जुड़ाव के लिए मंच तैयार करता है, भक्त को एक परिवर्तनकारी यात्रा पर जाने के लिए आमंत्रित करता है। इस पवित्र स्तोत्र के छंदों के माध्यम से, साहस, भक्ति, और शांति का मार्ग प्रकाशित होता है, जो इसे पढ़ने वाले सभी लोगों को सांत्वना और प्रेरणा प्रदान करता है। इस प्रकार, इन शिक्षाओं के सार को दैनिक जीवन में शामिल करके, कोई हनुमान की स्थायी भावना से प्रेरित होकर शक्ति और शांति के संतुलन को प्राप्त कर सकता है।

हनुमान की भक्ति

तीसरा और चौथा छंद हनुमान की प्रभु राम के प्रति अटूट भक्ति का उत्सव मनाते हैं, उन्हें एक आदर्श भक्त के रूप में प्रस्तुत करते हैं। उनकी निष्ठा को शक्ति और विनम्रता के आदर्श समन्वय के रूप में चित्रित किया गया है, जो उन सभी के लिए मार्गदर्शक है जो अपनी भक्ति के मार्ग को गहरा करना चाहते हैं। यह भक्ति

निष्क्रिय नहीं है, बल्कि सक्रिय है, ऐसे कार्यों से चिह्नित है जो उनकी प्रतिबद्धता और निष्ठा को प्रदर्शित करते हैं, हमें निष्ठापूर्ण सेवा की शक्ति सिखाते हैं।

2

चालीसा के तीसरे और चौथे छंद

हनुमान की प्रभु राम के प्रति भक्ति "हनुमान चालीसा" का एक केंद्रीय विषय है और भक्ति तथा निष्ठा के गुणों की खोज में एक महत्वपूर्ण आधारशिला है। चालीसा के तीसरे और चौथे छंद हनुमान की अटूट निष्ठा को गहराई से प्रकट करते हैं, उन्हें न केवल एक शक्तिशाली अस्तित्व के रूप में बल्कि भक्ति के आदर्श रूप में प्रस्तुत करते हैं। उनकी भूमिका एक भक्त के रूप में एक गहन आध्यात्मिक कथा को रेखांकित करती है, जिसने सदियों से करोड़ों लोगों को प्रेरित किया है।

इन छंदों में, महाकाव्य रामायण में हनुमान के कार्यों, विकल्पों और त्यागों का वर्णन किया गया है, जो उनकी निष्ठा और प्रभु राम की सेवा के लिए उनकी दृढ़ता को प्रदर्शित करता है। "हनुमान चालीसा" का यह पहलू भक्ति की अवधारणा को केवल एक भावनात्मक या आध्यात्मिक अभिव्यक्ति से एक ठोस और प्रभावशाली शक्ति तक ले जाता है। यह हनुमान को इस बात के आदर्श रूप में स्थापित करता है कि गहन भक्ति किसी के आचरण और दूसरों के जीवन पर सकारात्मक प्रभाव कैसे डाल सकती है।

भक्ति का सार

हनुमान की भक्ति का सार उनकी निःस्वार्थता और बिना किसी व्यक्तिगत लाभ की इच्छा के सेवा करने की तत्परता में निहित है। प्रभु राम के प्रति उनका प्रेम

स्वार्थपूर्ण या सशर्त नहीं है; यह शुद्ध और निःस्वार्थ है, जो एक गहरे आध्यात्मिक संबंध से प्रेरित है, न कि भौतिक या क्षणिक पुरस्कारों से। इस प्रकार की भक्ति शक्तिशाली, परिवर्तनकारी और अत्यधिक दुर्लभ है। यह आज के कई रिश्तों, चाहे वे व्यक्तिगत हों, पेशेवर हों, या आध्यात्मिक, के विपरीत है, जो अक्सर इस पर आधारित होते हैं कि किसी को क्या प्राप्त हो सकता है, न कि वह क्या दे सकता है।

हनुमान की निष्ठा को विनम्रता और श्रद्धा भी चिह्नित करती है, ऐसे गुण जो उनकी भक्ति की शक्ति को बढ़ाते हैं। अपनी अपार शक्ति के बावजूद, वे प्रभुत्व के बजाय सेवा को चुनते हैं, प्रभु राम की सहायता एक सेवक के रूप में नहीं बल्कि एक भक्त के रूप में करते हैं। यह भेद महत्वपूर्ण है क्योंकि यह उनके कार्यों को कर्तव्य से भक्ति तक ले जाता है, उन्हें गहन सम्मान और प्रेम से भर देता है।

हनुमान के उदाहरण से सीखना

हनुमान की भक्ति का अध्ययन करके, व्यक्ति अपने संबंधों पर विचार करने और यह सोचने के लिए प्रेरित होते हैं कि उनकी अपनी भक्ति और निष्ठा उनके जीवन में क्या भूमिका निभाती है। हनुमान का उदाहरण इस बात पर प्रश्न उठाता है कि हमारी निष्ठाएं कैसी और किस प्रकार की हैं—क्या वे सशर्त, स्वार्थपूर्ण हैं, या वे दूसरों के कल्याण को बढ़ाती हैं? उनका जीवन हमें यह याद दिलाता है कि सच्ची भक्ति न केवल प्राप्तकर्ता को बल्कि देने वाले को भी समृद्ध और संतुष्ट करती है।

व्यक्तिगत संबंधों में, हनुमान का उदाहरण अधिक निःस्वार्थ दृष्टिकोण को प्रेरित कर सकता है, जहां प्रियजनों की खुशी और भलाई एक प्राथमिकता बन जाती है। पेशेवर संदर्भों में, यह उत्कृष्टता और अखंडता के प्रति प्रतिबद्धता से प्रेरित होकर, अपने कर्तव्यों के प्रति समर्पण को प्रोत्साहित करता है।

आध्यात्मिक जीवन में भक्ति

आध्यात्मिक आयाम में, हनुमान की भक्ति दिव्य संबंध और आत्मज्ञान के मार्ग के बारे में गहरे पाठ प्रदान करती है। राम के साथ उनका संबंध भक्ति (भक्ति) की आध्यात्मिक प्रभावशीलता को उजागर करता है, जो आध्यात्मिक अंतर्दृष्टि और

भावनात्मक संतुष्टि प्राप्त करने का एक साधन है। हनुमान द्वारा प्रदर्शित भक्ति को भक्ति योग के रूप में समझा जा सकता है, जो हिंदू धर्म में उन पथों में से एक है जो व्यक्तिगत भगवान के साथ प्रेमपूर्ण जुड़ाव पर जोर देता है।

यह आध्यात्मिक दृष्टिकोण केवल मंदिरों या पूजा स्थलों में पूजा करने के बारे में नहीं है; यह अपने पूरे जीवन को एक उच्च शक्ति की सेवा और भक्ति की भावना में जीने के बारे में है, इस दिव्य उपस्थिति को जीवन के सभी पहलुओं में देखना और सेवा करना। यह किसी के दुनिया के साथ बातचीत करने के तरीके को गहराई से बदल सकता है, अधिक करुणामय, धैर्यवान और समझदार दृष्टिकोण को बढ़ावा दे सकता है।

आधुनिक जीवन पर प्रभाव

आधुनिक संदर्भ में, हनुमान की भक्ति जीवन की चुनौतियों का सामना करने में लचीलापन और शक्ति के लिए एक खाका प्रस्तुत करती है। राम की सेवा के दौरान बाधाओं को दूर करने में उनका साहस और संसाधनशीलता व्यक्तिगत कठिनाइयों से निपटने के लिए व्यावहारिक और आध्यात्मिक रणनीतियाँ प्रदान करती है। इसके अलावा, कठिन चुनौतियों के सामने उनका अडिग विश्वास आशा और दृढ़ संकल्प बनाए रखने के लिए प्रेरणा का स्रोत है।

भक्ति की मानसिकता को अपनाने से ऐसा जीवन जीने का मार्ग प्रशस्त हो सकता है जो न केवल व्यक्तिगत सफलता चाहता है बल्कि समुदाय के कल्याण में भी योगदान देता है। इस परिप्रेक्ष्य में बदलाव एक अधिक सामंजस्यपूर्ण और करुणामय समाज की ओर ले जा सकता है, क्योंकि हनुमान के उदाहरण से प्रेरित व्यक्ति अखंडता और परोपकार के साथ कार्य करने का प्रयास करते हैं।

संक्षेप में, "हनुमान चालीसा" के वे छंद जो हनुमान की भक्ति पर ध्यान केंद्रित करते हैं, केवल ऐतिहासिक आध्यात्मिक उपलब्धियों का वर्णन नहीं करते; वे किसी के जीवन को भक्ति और निष्ठा के गहन गुणों से भरने के लिए एक मार्गदर्शिका के रूप में कार्य करते हैं। इन गुणों को आत्मसात करके, व्यक्ति एक समृद्ध, अधिक अर्थपूर्ण अस्तित्व का अनुभव कर सकते हैं, जो गहरे संबंधों और एक लचीली, करुणामय भावना से चिह्नित होता है। हनुमान के उदाहरण के

माध्यम से, हम देखते हैं कि भक्ति कमजोरी नहीं बल्कि एक शक्तिशाली ताकत है जो परिवर्तन को प्रेरित कर सकती है और एक अधिक पूर्ण जीवन को बढ़ावा दे सकती है।

3

"हनुमान चालीसा" के पांचवें और छठे छंद

"हनुमान चालीसा" के पांचवें और छठे छंद हनुमान की अद्भुत शारीरिक शक्ति, बौद्धिक ज्ञान और उनके ब्रह्मचर्य के चुनाव की गहराई से चर्चा करते हैं। ये पहलू न केवल हनुमान को हिंदू देवताओं में एक अद्वितीय स्थान प्रदान करते हैं, बल्कि व्यक्तिगत अनुशासन और जीवन की चुनौतियों के समझदारी से प्रबंधन के लिए एक मार्गदर्शिका भी प्रस्तुत करते हैं। हनुमान की असाधारण क्षमताएं केवल प्रशंसा के योग्य नहीं हैं, बल्कि गहरे आध्यात्मिक सत्य और व्यावहारिक ज्ञान की झलक भी देती हैं, जिन्हें रोजमर्रा के जीवन में लागू किया जा सकता है।

शक्ति और ज्ञान का संतुलन

हनुमान की शारीरिक शक्ति प्रसिद्ध है, जैसा कि रामायण में उनके समुद्रों को पार करने और पहाड़ों को उठाने जैसे कार्यों से देखा गया है। हालांकि, उनकी शक्ति हमेशा गहन ज्ञान और तेज बुद्धि से प्रेरित होती है। शक्ति और ज्ञान का यह संयोजन दिखाता है कि सच्ची शक्ति केवल शारीरिक क्षमता में नहीं होती, बल्कि इसमें बौद्धिक और नैतिक क्षमता भी शामिल होती है, जो इस शक्ति का समझदारी और विवेकपूर्ण उपयोग सुनिश्चित करती है। हनुमान अपनी शक्ति का उपयोग हमेशा भलाई के लिए करते हैं और इसे अपनी बुद्धि और भक्ति के मार्गदर्शन में उपयोग करते हैं, जो संयम और अपनी क्षमताओं के जिम्मेदार उपयोग के गुण को उजागर करता है।

व्यक्तिगत विकास के संदर्भ में, हनुमान का उदाहरण सिखाता है कि किसी की क्षमताओं और शक्तियों का विकास बुद्धि के संवर्धन के साथ-साथ होना चाहिए। केवल शक्तिशाली या सक्षम होना पर्याप्त नहीं है; किसी को इन क्षमताओं का उचित उपयोग करने की बुद्धि भी होनी चाहिए। यह संतुलन सभी क्षेत्रों में महत्वपूर्ण है, चाहे वह व्यक्तिगत संबंध हों या पेशेवर वातावरण। उदाहरण के लिए, नेतृत्व में, शक्ति और बुद्धि का संतुलन हनुमान की भूमिका को दर्शाता है, जिन्होंने अपनी क्षमताओं का उपयोग व्यक्तिगत लाभ के लिए नहीं, बल्कि अपने स्वामी और साथियों का समर्थन करने के लिए किया।

ब्रह्मचर्य के रूप में अनुशासन

हनुमान का ब्रह्मचर्य विशेष रूप से महत्वपूर्ण है, जो उनकी पूर्ण भक्ति और उनकी शारीरिक शक्तियों को आध्यात्मिक ऊर्जा में रूपांतरित करने का प्रतीक है। हिंदू दर्शन में, ब्रह्मचर्य को आत्म-अनुशासन का एक रूप माना जाता है, जो शारीरिक ऊर्जा को संरक्षित करता है और इसे आध्यात्मिक विकास की ओर निर्देशित करता है। हनुमान का ब्रह्मचर्य उनकी भक्ति और उनकी अलौकिक उपलब्धियों के साथ संरेखित है, जिन्हें उनकी इच्छाओं पर उनके अत्यधिक नियंत्रण और उनके केंद्रित आध्यात्मिक अभ्यासों द्वारा संभव बनाया गया माना जाता है।

हनुमान के जीवन का यह पहलू इस बात को समझने के लिए गहन निहितार्थ प्रदान करता है कि अनुशासन और किसी की प्रवृत्तियों पर महारत कैसे बड़ी उपलब्धियों की ओर ले जा सकती है। एक ऐसी दुनिया में जहां तात्कालिक संतुष्टि अक्सर सामान्य होती है, ब्रह्मचर्य के सिद्धांत का विस्तार इसे इच्छाओं और प्रवृत्तियों पर सामान्य महारत के रूप में देखा जा सकता है, जो आत्म-नियंत्रण और विलंबित संतोष के महत्व को उजागर करता है। यह विशेष रूप से उपभोग, मनोरंजन, या यहां तक कि प्रौद्योगिकी के उपयोग के संबंध में आधुनिक चुनौतियों का सामना करते समय सशक्त हो सकता है।

रोजमर्रा के जीवन में बुद्धि

हनुमान की बुद्धि उनके जटिल स्थितियों को समझने और उनमें अंतर्दृष्टि से

आगे बढ़ने तक भी विस्तारित होती है। उन्हें हमेशा रामायण के कारनामों के दौरान सबसे अच्छा रास्ता पता होता था, जिसके लिए न केवल शक्ति बल्कि चतुराई और कूटनीति की भी आवश्यकता होती थी। यह बौद्धिक क्षमता कठिन निर्णयों या जटिल समस्याओं का सामना करने वाले व्यक्तियों के लिए प्रेरणा का स्रोत हो सकती है। यह सुझाव देती है कि बुद्धि केवल ज्ञान के बारे में नहीं है, बल्कि इस ज्ञान का प्रभावी ढंग से समस्याओं को हल करने और चुनौतियों को नेविगेट करने में उपयोग करने के बारे में भी है।

हनुमान की बुद्धि केवल समस्या समाधान के लिए नहीं थी; इसमें लोगों की गहरी समझ भी शामिल थी, जिसने उन्हें करुणा और सहानुभूति के साथ कार्य करने में सक्षम बनाया। यह बुद्धि की एक और परत है जो आज की दुनिया में महत्वपूर्ण है, जहां दूसरों को समझना और उनसे जुड़ना व्यक्तिगत और पेशेवर दोनों क्षेत्रों में महत्वपूर्ण है।

आज के समय में हनुमान के सिद्धांतों को लागू करना

हनुमान की शक्ति, बुद्धि, और अनुशासन को अपने जीवन में शामिल करना अधिक संतुलित और पूर्ण अस्तित्व की ओर ले जा सकता है। शारीरिक और बौद्धिक क्षमताओं को विकसित करके और साथ ही आत्म-नियंत्रण और अनुशासन बनाए रखते हुए, व्यक्ति न केवल व्यक्तिगत और पेशेवर सफलता प्राप्त कर सकते हैं बल्कि एक सामंजस्यपूर्ण और नैतिक जीवन भी जी सकते हैं। हनुमान का जीवन व्यक्तिगत विकास के लिए एक समग्र दृष्टिकोण को प्रोत्साहित करता है—एक ऐसा दृष्टिकोण जो शारीरिक स्वास्थ्य, बौद्धिक विकास, और नैतिक अखंडता को शामिल करता है।

हनुमान से मिलने वाले इन पाठों को अपनाने से यह बदल सकता है कि कोई जीवन के दबावों और चुनौतियों को कैसे संभालता है। उनकी शारीरिक शक्ति और मानसिक क्षमता के स्तर को प्राप्त करने की आकांक्षा करते हुए, उनके गहरे कर्तव्य और सेवा की भावना को अपनाकर, व्यक्ति अपनी यात्राओं को अधिक सफलतापूर्वक और अर्थपूर्ण रूप से नेविगेट कर सकते हैं। हनुमान की विरासत, जैसा कि "हनुमान चालीसा" के इन छंदों में कैद है, जीवन के लिए एक संतुलित दृष्टिकोण को प्रेरित करती है जो शक्ति को बुद्धि, शक्ति को करुणा और

व्यक्तिगत सफलता को आध्यात्मिक विकास के साथ सामंजस्य स्थापित करती है।

4

"हनुमान चालीसा" के सातवें और आठवें छंद

"हनुमान चालीसा" के सातवें और आठवें छंदों में हनुमान को प्रभु राम के संदेशवाहक की महत्वपूर्ण भूमिका में प्रस्तुत किया गया है, जो नेतृत्व में संचार और जिम्मेदारी के सिद्धांतों के साथ गहराई से जुड़ी एक महत्वपूर्ण थीम को चिह्नित करता है। यह भूमिका केवल एक उपाधि या कार्य नहीं है; यह हनुमान की दूरियों को पाटने, दिलों को जोड़ने और चुनौतीपूर्ण परिस्थितियों में महत्वपूर्ण संदेश पहुँचाने की क्षमता का प्रतीक है। यह उनकी शक्ति को न केवल शारीरिक रूप में बल्कि प्रभावी संचार के माध्यम से सेवा और नेतृत्व की क्षमता के रूप में भी उजागर करता है।

हनुमान की संदेशवाहक की भूमिका

महाकाव्य रामायण में, लंका के अभियान के दौरान हनुमान की संदेशवाहक की भूमिका मुख्य रूप से सामने आती है। यहां, उन्हें सीता को ढूंढने और उनका संदेश पहुँचाने का कार्य सौंपा गया था। यह घटना केवल उनकी निष्ठा और वीरता का प्रदर्शन नहीं है, बल्कि उनकी चतुराई, बुद्धिमत्ता और प्रभावी संवाद की क्षमता को भी दर्शाती है। हनुमान अपनी योग्यता साबित करते हैं जब वे अनेक बाधाओं को पार कर अशोक वाटिका में सीता से मिलते हैं और उनके प्रति सहानुभूति और आश्वासन के साथ राम का संदेश देते हैं।

हनुमान की यह भूमिका किसी भी नेतृत्व भूमिका में संचार के महत्व को रेखांकित करती है। प्रभावी संचार में स्पष्टता, सहानुभूति और उपयुक्त प्रतिक्रिया देने की क्षमता शामिल होती है। सीता के साथ हनुमान का संवाद विशेष रूप से उनकी करुणा और आश्वासन के लिए उल्लेखनीय है, जो किसी भी नेता के लिए अपरिहार्य गुण हैं।

संचार एक नेतृत्व कौशल के रूप में

प्रभावी नेतृत्व काफी हद तक अच्छे संचार कौशल पर निर्भर करता है। नेताओं को, संदेशवाहकों की तरह, जानकारी को स्पष्ट और प्रभावशाली ढंग से व्यक्त करना चाहिए, लेकिन उन्हें सुनने और जानकारी एकत्र करने में भी कुशल होना चाहिए। लंका की ओर हनुमान की यात्रा संचार की कला में एक गहन पाठ प्रस्तुत करती है—दर्शकों को समझना, संदेशों को स्पष्टता और करुणा के साथ पहुँचाना, और प्राप्त प्रतिक्रिया को सुनना। संचार का यह दोहरा पहलू नेतृत्व में महत्वपूर्ण है, जहां सूचना का प्रवाह दोनों दिशाओं में होना चाहिए।

इसके अलावा, सीता को ढूंढने और संदेश पहुँचाने के बाद राम के पास लौटना, हनुमान की विश्वसनीयता और राम द्वारा उनमें रखे गए विश्वास का प्रमाण है। यह विश्वास प्रभावी नेतृत्व और टीम वर्क के लिए मौलिक है। एक नेता को अपने सदस्यों में विश्वास को प्रेरित करना चाहिए, जो निरंतर और पारदर्शी संचार के माध्यम से सुनिश्चित किया जा सकता है।

नेतृत्व में जिम्मेदारी

हनुमान की संदेशवाहक की भूमिका का एक और महत्वपूर्ण पहलू उनकी जिम्मेदारी की भावना है। राम जैसे व्यक्ति का संदेशवाहक होना भारी जिम्मेदारियों के साथ आता है—संदेशों को सटीक रूप से पहुँचाना, उनके पीछे की भावनाओं और इरादों को समझना, और प्राप्तकर्ताओं की प्रतिक्रियाओं को प्रबंधित करना। हनुमान द्वारा इन कार्यों को त्रुटिहीन तरीके से पूरा करना उनकी प्रतिबद्धता और उनकी भूमिका की गंभीरता की समझ को दर्शाता है।

नेतृत्व की जिम्मेदारी केवल कार्यों को पूरा करने तक सीमित नहीं होती। इसमें

अपेक्षाओं का भार उठाना, निर्णयों के परिणामों को संभालना, और अनुयायियों की भलाई सुनिश्चित करना शामिल है। हनुमान के संदेशवाहक के रूप में कार्य उनके द्वारा जिम्मेदारियों को सावधानीपूर्वक संभालने के तरीके को दर्शाता है, यह सुनिश्चित करते हुए कि उनके निर्णय और कार्य उनकी टीम और व्यापक समुदाय के लिए सकारात्मक परिणाम लाते हैं।

सत्यनिष्ठा और जवाबदेही

जिम्मेदारी को संभालने का एक महत्वपूर्ण हिस्सा सत्यनिष्ठा बनाए रखना और अपने कार्यों के लिए जवाबदेह होना है। हनुमान की यात्रा न केवल उनके सौंपे गए कार्यों को पूरा करने की प्रतिबद्धता दिखाती है, बल्कि किसी भी परिणाम का सामना करने की उनकी तत्परता को भी दिखाती है। सीता के प्रति उनका दृष्टिकोण, उनके साथ उनकी बातचीत, और शत्रु की भूमि में उनका आचरण गहरी कर्तव्य भावना और एक अडिग नैतिक कम्पास को दर्शाते हैं।

आधुनिक नेतृत्व संदर्भों में, इसका अर्थ है कि नेता न केवल अपनी सफलताओं के लिए बल्कि अपनी विफलताओं के लिए भी जवाबदेह हों। गलतियों से सीखना, चुनौतियों के बारे में पारदर्शी होना, और फीडबैक के लिए खुले रहना जवाबदेही के सभी पहलू हैं जो नेतृत्व भूमिकाओं में विश्वास और विश्वसनीयता का निर्माण करते हैं।

आधुनिक नेतृत्व पर प्रभाव

हनुमान एक संदेशवाहक के रूप में समकालीन नेताओं के लिए कई पाठ प्रस्तुत करते हैं। उनकी कहानी नेताओं को प्रभावी संवादक, कार्यों के जिम्मेदार प्रबंधक, और सत्यनिष्ठा वाले व्यक्तियों के रूप में प्रेरित करती है। हनुमान के दृष्टिकोण को अपनाने से अधिक सहानुभूतिपूर्ण, प्रभावी और नैतिक नेतृत्व की ओर बढ़ा जा सकता है। नेता ऐसे वातावरण बना सकते हैं जहां संचार स्वतंत्र रूप से प्रवाहित हो, जिम्मेदारी को अपनाया जाए, और निर्णयों को सत्यनिष्ठा द्वारा निर्देशित किया जाए।

हनुमान के कदमों का अनुसरण करके, नेता न केवल अपनी भूमिकाओं को अधिक

प्रभावी ढंग से पूरा कर सकते हैं, बल्कि अपनी टीमों को उच्च स्तर की प्रदर्शन क्षमता और संतोष की ओर प्रेरित भी कर सकते हैं। संक्षेप में, "हनुमान चालीसा" में एक संदेशवाहक के रूप में हनुमान की भूमिका न केवल एक पौराणिक चरित्र की कर्तव्यों की प्रस्तुति है, बल्कि अच्छे संचार और जिम्मेदार नेतृत्व के गुणों पर एक कालातीत मार्गदर्शिका भी है।

5

हनुमान चालीसा के नौवें और दसवें छंद

"हनुमान चालीसा" के नौवें और दसवें छंदों में हनुमान को न केवल उनकी शक्ति और भक्ति के लिए बल्कि एक रक्षक के रूप में भी पूजनीय माना गया है। ये छंद उनकी बुरी शक्तियों को दूर भगाने और भक्तों की रक्षा करने की क्षमताओं पर केंद्रित हैं, जो उनके दिव्य स्वभाव के एक मूलभूत पहलू को उजागर करते हैं। हनुमान की रक्षक की भूमिका उनकी कथाओं में गहराई से अंतर्निहित है, जहां वे लगातार यह सुनिश्चित करने के लिए हस्तक्षेप करते हैं कि जिनकी वे सेवा करते हैं, विशेष रूप से प्रभु राम और उनके सहयोगियों, उनकी सुरक्षा और भलाई बनी रहे। यह रक्षात्मक पहलू न केवल हनुमान को दी गई शक्तियों को रेखांकित करता है, बल्कि मानव मामलों में सुरक्षा, सुरक्षितता और दिव्य हस्तक्षेप की व्यापक थीम को भी प्रतिबिंबित करता है।

हनुमान एक रक्षक के प्रतीक के रूप में

हनुमान को अक्सर पौराणिक कथाओं में एक संरक्षक और उद्धारकर्ता के रूप में चित्रित किया गया है, जिन्हें संकट और संकट के समय पुकारा जाता है। विभिन्न कहानियों में उनके कार्य उन्हें सभी प्रकार की बुरी ताकतों और विपत्तियों के खिलाफ एक प्रबल शक्ति के रूप में चित्रित करते हैं। "हनुमान चालीसा" इस चित्रण को सुदृढ़ करती है, ऐसी प्रार्थनाएँ प्रदान करती है जो भक्तों को हनुमान की उपस्थिति से मिलने वाली सुरक्षा और सुरक्षितता की याद दिलाती हैं। यह माना

जाता है कि इन छंदों का जाप हनुमान की सुरक्षा को बुला सकता है, जप करने वाले को नुकसान से बचा सकता है और नकारात्मक प्रभावों को दूर कर सकता है।

हनुमान की रक्षक शक्तियों में यह विश्वास न केवल उनके दिव्य गुणों का प्रमाण है, बल्कि एक अस्थिर दुनिया में सुरक्षा और आश्वासन के लिए मानव आवश्यकता का भी प्रतिबिंब है। भक्त हनुमान को सांत्वना और शक्ति के स्रोत के रूप में देखते हैं, व्यक्तिगत संकटों या सामुदायिक कठिनाइयों के दौरान उनके दिव्य हस्तक्षेप की तलाश करते हैं। उनकी भूमिका शारीरिक से परे है, भावनात्मक और आध्यात्मिक क्षेत्रों को समेटते हुए, एक ऐसा आश्रय प्रदान करती है जो मूर्त और पारलौकिक दोनों है।

दिव्य हस्तक्षेप की भूमिका

हनुमान की रक्षक भूमिका द्वारा उदाहरण स्वरूप प्रस्तुत किया गया दिव्य हस्तक्षेप, कई भक्तों के जीवन में एक महत्वपूर्ण भूमिका निभाता है। यह हस्तक्षेप अक्सर एक मार्गदर्शक शक्ति के रूप में देखा जाता है जो न केवल भौतिक खतरों को रोकता है बल्कि नैतिक विकल्प बनाने और धर्म के मार्ग का पालन करने में भी सहायता करता है। इस प्रकार हनुमान के हस्तक्षेप को केवल अनुग्रह के कार्य के रूप में नहीं देखा जाता है, बल्कि धार्मिक जीवन और नैतिक निर्णय लेने में पाठों के रूप में भी देखा जाता है।

कई कहानियों में, हनुमान महत्वपूर्ण क्षणों में हस्तक्षेप करते हैं ताकि उन पात्रों का मार्गदर्शन और संरक्षण किया जा सके जो धर्म (नैतिक और धार्मिक कर्तव्य) को बनाए रखने का प्रयास करते हैं। उनका हस्तक्षेप न केवल सुरक्षात्मक है बल्कि शिक्षाप्रद भी है, जो प्रत्यक्ष लाभार्थियों और दर्शकों दोनों को साहस, निष्ठा और निःस्वार्थ सेवा के मूल्यों के बारे में सिखाता है। ये कथाएँ व्यक्तियों को उनके जीवन में दिव्य शक्तियों की बड़ी भूमिका पर विचार करने के लिए प्रोत्साहित करती हैं, यह स्वीकार करते हुए कि आध्यात्मिक विकास अक्सर उन चुनौतियों के साथ आता है जिनके लिए दिव्य और व्यक्तिगत समाधान दोनों की आवश्यकता होती है।

आधुनिक संदर्भ में सुरक्षा

जबकि दिव्य सुरक्षा का विचार प्राचीन आध्यात्मिकता में निहित प्रतीत होता है, इसकी प्रासंगिकता आधुनिक समय तक फैली हुई है, जो तेजी से बदलती दुनिया में सुरक्षा और समर्थन की समकालीन आवश्यकताओं को संबोधित करती है। आज की दुनिया में, जहां अनिश्चितताएं और चिंताएँ बहुतायत में हैं, हनुमान की रक्षक भूमिका को आंतरिक शक्ति और लचीलापन खोजने के रूपक के रूप में देखा जा सकता है।

हनुमान की रक्षक भावना को अपनाते हुए, व्यक्तियों को स्वयं और दूसरों की रक्षा के लिए अपनी क्षमताओं को विकसित करने के लिए प्रोत्साहित किया जाता है, चाहे वह शारीरिक साधनों, मानसिक दृढ़ता, या आध्यात्मिक विश्वास के माध्यम से हो। सुरक्षा के लिए यह दृष्टिकोण समुदाय, सहयोग, और आपसी समर्थन के महत्व पर जोर देता है—ऐसे गुण जो हनुमान ने अपने कार्यों के माध्यम से प्रदर्शित किए।

व्यक्तिगत विकास और सामुदायिक कल्याण के लिए प्रभाव

व्यक्तिगत सुरक्षा से परे, हनुमान की रक्षक की भूमिका सामुदायिक कल्याण के लिए निहितार्थ रखती है। यह सतर्क और तैयार रहने के महत्व को उजागर करती है, जो किसी भी सामुदायिक नेता या रक्षक के लिए आवश्यक गुण हैं। जैसे हनुमान धर्म और अपने भक्तों की रक्षा के लिए किसी भी खतरे का सामना करने के लिए तैयार थे, वैसे ही आज के लोग उनके उदाहरण से सीख सकते हैं ताकि वे अपने समुदायों में अधिक सुरक्षित और सहायक वातावरण को बढ़ावा दें।

इसके अलावा, हनुमान की रक्षक भूमिका को समझने से व्यक्तिगत और सामूहिक सुरक्षा के प्रति सक्रिय रुख को प्रोत्साहन मिलता है। यह सुझाव देता है कि सुरक्षा केवल बाहरी खतरों को दूर करने के बारे में नहीं है, बल्कि आंतरिक ताकतों और क्षमताओं का निर्माण करने के बारे में भी है। इस प्रकार, सतर्कता, लचीलापन, और आपसी देखभाल जैसे गुणों को बढ़ावा देकर, समुदाय न केवल अपनी रक्षा कर सकते हैं बल्कि खुद को सशक्त भी बना सकते हैं, जो हनुमान के

संतुलित सुरक्षा और सेवा दृष्टिकोण को दर्शाता है।

"हनुमान चालीसा" में एक रक्षक के रूप में हनुमान का चित्रण सुरक्षा, सुरक्षितता, और दिव्य हस्तक्षेप के विषयों पर समृद्ध अंतर्दृष्टि प्रदान करता है। पौराणिक कथाओं में गहराई से निहित ये अवधारणाएँ आधुनिक दर्शकों के साथ गूंजती रहती हैं, प्रतिकूलता को दूर करने और व्यक्तिगत और सामुदायिक कल्याण को बढ़ाने के लिए आध्यात्मिक और व्यावहारिक मार्गदर्शन प्रदान करती हैं। उनके उदाहरण के माध्यम से, हनुमान एक व्यापक दृष्टिकोण को प्रेरित करते हैं जो शारीरिक सुरक्षा, नैतिक अखंडता, और आध्यात्मिक दृढ़ता को समाहित करता है।

6

"हनुमान चालीसा" के ग्यारहवें और बारहवें छंद

"हनुमान चालीसा" के ग्यारहवें और बारहवें छंद हनुमान को विजय के प्रतीक के रूप में चित्रित करते हैं, यह दर्शाते हुए कि वह अपने मार्गदर्शन और सुरक्षा की तलाश करने वालों को सफलता का आश्वासन देते हैं। ये छंद न केवल रामायण की विभिन्न घटनाओं में हनुमान की विजय का उत्सव मनाते हैं, बल्कि विश्वास और दृढ़ता के माध्यम से विपत्ति पर काबू पाने की सार्वभौमिक थीम का भी प्रतीक हैं। हनुमान की कथा कठिनाइयों के खिलाफ विजय के लिए एक शक्तिशाली रूपक प्रदान करती है, जो उनके भक्तों और अनुयायियों के लिए आशा और धैर्य का स्रोत है।

विजय के प्रतीक के रूप में हनुमान

हनुमान के कई कारनामे, जैसे समुद्र पर उनकी छलांग से लेकर लंका के युद्ध में उनकी भूमिका, प्रसिद्ध हैं और उन्हें अपराजेय चुनौतियों को पार करने में सक्षम व्यक्ति के रूप में चित्रित करते हैं। ये कहानियाँ केवल साहस और रोमांच की कहानियाँ नहीं हैं; वे प्रभु राम और उनके उद्देश्य के प्रति उनकी अडिग निष्ठा का प्रमाण हैं। यह निष्ठा उनकी विजयों से गहराई से जुड़ी हुई है, यह सुझाव देती है कि सफलता केवल शक्ति या सामर्थ्य का परिणाम नहीं है, बल्कि यह निष्ठा, विश्वास

और धर्म का पालन करने के दृढ़ संकल्प में निहित है।

"हनुमान चालीसा" के वह छंद जो उनकी सफलता के आश्वासन पर ध्यान केंद्रित करते हैं, इस संदेश को सुदृढ़ करते हैं। ये भक्तों को प्रोत्साहित करते हैं कि वे अपनी चुनौतियों का सामना करते समय हनुमान को प्रेरणा के स्रोत के रूप में देखें। यह कथा यह समझने को बढ़ावा देती है कि विजय केवल दिव्य हस्तक्षेप के माध्यम से ही नहीं, बल्कि हनुमान के गुणों—उनकी शक्ति, साहस, बुद्धिमत्ता और कर्तव्य के प्रति अडिग प्रतिबद्धता—को अपनाने के माध्यम से भी प्राप्त की जा सकती है।

विश्वास और दृढ़ता: सफलता के मार्ग

हनुमान की कथा इस बात का जीवंत उदाहरण है कि कैसे विश्वास और दृढ़ता सफलता की ओर ले जा सकते हैं। राम और उनके दिव्य मिशन के प्रति हनुमान का विश्वास उनके कार्यों को प्रेरित करता है, उन्हें ऐसे कार्य करने में सक्षम बनाता है जो साधारण मनुष्यों के लिए असंभव प्रतीत होते हैं। यह विश्वास उनकी दृढ़ता द्वारा पूरक था—बाधाओं और असफलताओं के बावजूद, उनका संकल्प कभी नहीं डगमगाया, और उनके कार्य निरंतर और उद्देश्यपूर्ण रहे।

व्यक्तिगत और पेशेवर जीवन में, ये सिद्धांत बाधाओं को दूर करने के लिए एक शक्तिशाली सूत्र में परिवर्तित होते हैं। विश्वास—चाहे वह एक उच्च शक्ति में हो, अपने आप में हो, या अपने मार्ग की धार्मिकता में हो—अपने लक्ष्यों का पीछा करने के लिए आवश्यक नैतिक और भावनात्मक समर्थन प्रदान करता है। दृढ़ता, या कठिनाइयों के बावजूद एक उद्देश्य का अडिग पीछा, यह सुनिश्चित करता है कि कोई स्थिर और केंद्रित रहे, और तब भी सफलता की ओर बढ़े जब तत्काल परिणाम स्पष्ट न हों।

आधुनिक संदर्भों में हनुमान के पाठों को लागू करना

आधुनिक चुनौतियों का सामना करने के लिए हनुमान के जीवन के पाठों को लागू करने के लिए यह समझना आवश्यक है कि वास्तविक विजय अक्सर निरंतर प्रयास और नैतिक अखंडता का परिणाम होती है। एक ऐसी दुनिया में जो

अक्सर तात्कालिक संतुष्टि और सफलता को महत्व देती है, हनुमान का उदाहरण दीर्घकालिक दृष्टिकोण के महत्व की याद दिलाता है—यह स्वीकार करते हुए कि सार्थक उपलब्धियों के लिए समय, धैर्य और निरंतर प्रयास की आवश्यकता होती है।

व्यक्तिगत चुनौतियों का सामना कर रहे व्यक्तियों के लिए, हनुमान की कहानी सांत्वना और प्रेरणा का स्रोत है। यह सिखाती है कि असफलताएँ स्वाभाविक हैं लेकिन उन्हें विश्वास और दृढ़ता से दूर किया जा सकता है। पेशेवरों के लिए, ये पाठ नैतिक आचरण, कर्तव्यों के प्रति समर्पण, और प्रतिकूल परिस्थितियों में अपने सिद्धांतों पर डटे रहने के महत्व को रेखांकित करते हैं।

इसके अलावा, नेतृत्व भूमिकाओं में, हनुमान के चरित्र के माध्यम से चित्रित विजय का प्रतीक अखंडता के साथ नेतृत्व करने में अंतर्दृष्टि प्रदान करता है। वे नेता जो हनुमान के गुणों को अपनाते हैं—शक्ति, बुद्धिमत्ता, विनम्रता, और व्यापक भलाई पर ध्यान केंद्रित—अधिक संभावना है कि वे अपनी टीमों को प्रेरित करें, संगठनात्मक चुनौतियों को पार करें, और स्थायी सफलता प्राप्त करें।

विजय के व्यापक निहितार्थ

विजय की अवधारणा व्यक्तिगत या पेशेवर सफलता से परे है। इसमें बुराई पर अच्छाई की, भ्रष्टाचार पर नैतिक मूल्यों की, और झूठ पर सत्य की विजय भी शामिल है। हनुमान की विजय केवल इसलिए नहीं मनाई जाती क्योंकि वे उनकी हैं, बल्कि इसलिए कि वे दिव्य इच्छा और धर्म की अराजकता और अव्यवस्था पर विजय का प्रतिनिधित्व करती हैं।

इस प्रकार, विजय के प्रतीक के रूप में हनुमान न केवल व्यक्तिगत लक्ष्यों का पीछा करने के लिए बल्कि एक उच्च, सामूहिक भलाई का अनुसरण करने के लिए भी प्रेरित करते हैं। उनका जीवन व्यक्तियों और समुदायों को एक ऐसी दुनिया के लिए प्रयास करने के लिए प्रेरित करता है जहां अखंडता, कर्तव्य, और न्याय प्रबल हो। इस प्रकार, हनुमान द्वारा प्रतिनिधित्व की गई विजय न केवल बाहरी चुनौतियों को पार करने के बारे में है, बल्कि आंतरिक विकास और सामाजिक सामंजस्य प्राप्त करने के बारे में भी है।

संक्षेप में, "हनुमान चालीसा" में विजय के प्रतीक के रूप में हनुमान की भूमिका विश्वास और दृढ़ता के माध्यम से सफलता प्राप्त करने के बारे में गहन अंतर्दृष्टि प्रदान करती है। यह व्यक्तियों को साहस और अखंडता के साथ जीवन की लड़ाइयों का सामना करने के लिए प्रोत्साहित करती है, यह विश्वास बनाए रखते हुए कि धार्मिक प्रयास अंततः सफलता के साथ मिलते हैं। उनके उदाहरण के माध्यम से, हनुमान धैर्य और विजय के पथ को प्रेरित करना जारी रखते हैं, जीवन की विविध चुनौतियों के माध्यम से अनगिनत व्यक्तियों का मार्गदर्शन करते हैं।

7

"हनुमान चालीसा" के तेरहवें और चौदहवें छंद

"हनुमान चालीसा" के तेरहवें और चौदहवें छंद हनुमान की भूमिका को द्वारपाल के रूप में उजागर करते हैं, जो केवल शारीरिक सुरक्षा तक सीमित नहीं है; यह जीवन के संक्रमणकालीन स्थानों की आध्यात्मिक और रूपक सुरक्षा को भी समाहित करता है। यह भूमिका हनुमान को न केवल एक रक्षक के रूप में प्रस्तुत करती है बल्कि जीवन के विभिन्न द्वारों—महत्वपूर्ण मोड़ों और परिवर्तनों के समय—में एक मार्गदर्शक और सहायक के रूप में भी स्थापित करती है। द्वार का रूपक गहरे प्रतीकात्मक अर्थ से भरा है, जो अवसरों और चुनौतियों दोनों को दर्शाता है, और हनुमान का संरक्षण इन महत्वपूर्ण क्षणों को समझदारी और विवेक के साथ नेविगेट करने की अंतर्दृष्टि प्रदान करता है।

आध्यात्मिक प्रयास के रूप में संरक्षकता

किलों के द्वारों पर हनुमान की रक्षा करने की भूमिका उनके महाकाव्यों में महत्वपूर्ण जीवन-परिवर्तनकारी चरणों पर उनकी देखरेख को दर्शाती है। ऐसे द्वार केवल भौतिक प्रवेश बिंदु नहीं हैं, बल्कि महत्वपूर्ण जीवन संक्रमण और परिवर्तनकारी अवधियों के प्रतीक हैं। आध्यात्मिक रूप से, द्वारों पर संरक्षक अक्सर ऐसे व्यक्तित्व माने जाते हैं जो अनुभव और समझ के नए क्षेत्रों में प्रवेश करने के लिए मार्ग प्रशस्त करते हैं, आत्माओं का मार्गदर्शन करते हैं जब वे अस्तित्व के एक चरण से दूसरे चरण में संक्रमण करते हैं। इस क्षमता में, हनुमान

केवल एक भौतिक स्थान की रक्षा नहीं कर रहे हैं, बल्कि उन लोगों के आध्यात्मिक कल्याण की भी रक्षा कर रहे हैं जो इन द्वारों से गुजरते हैं।

यह प्रस्तुति व्यक्तिगत विकास के लिए एक गहरा रूपक प्रदान करती है। प्रत्येक व्यक्ति अपने जीवनकाल में कई 'द्वारों' का सामना करता है—निर्णय के क्षण जो करियर परिवर्तन, विवाह, जन्म, और यहां तक कि गहन व्यक्तिगत अहसास जैसे नए रास्तों की ओर ले जाते हैं। एक संरक्षक के रूप में हनुमान की भूमिका इन परिवर्तनों के प्रति एक जागरूक दृष्टिकोण को प्रेरित करती है, ऐसे क्षणों में विकास और परिवर्तन की संभावनाओं को पहचानने के लिए प्रेरित करती है।

जीवन के संक्रमणों को नेविगेट करना

जीवन के संक्रमणों को प्रभावी ढंग से नेविगेट करने के लिए बुद्धिमत्ता, साहस और विवेक की आवश्यकता होती है—गुण जो हनुमान में निहित हैं। द्वारों के संरक्षक के रूप में, वे सतर्कता और अखंडता के साथ इन परिवर्तनों को संभालने के लिए एक आदर्श प्रदान करते हैं। इसमें प्रत्येक संक्रमण द्वारा प्रस्तुत चुनौतियों और अवसरों के प्रति जागरूक होना और अपने गहरे मूल्यों और उच्च आकांक्षाओं के साथ संरेखित विकल्प बनाना शामिल है।

इसके अलावा, हनुमान की संरक्षकता जीवन के इन संक्रमणों के साथ एक सक्रिय जुड़ाव का तात्पर्य है। परिवर्तनों को निष्क्रिय रूप से अनुभव करने के बजाय, यह इन महत्वपूर्ण क्षणों के परिणामों को आकार देने में सक्रिय भूमिका निभाने का सुझाव देता है, ठीक उसी तरह जैसे हनुमान न केवल रक्षा करते हैं बल्कि उन लोगों को सशक्त और आशीर्वाद भी देते हैं जो द्वारों से गुजरते हैं। जीवन के संक्रमणों के प्रति यह सक्रिय दृष्टिकोण व्यक्तिगत विकास के लिए महत्वपूर्ण है, क्योंकि यह व्यक्तियों को अपनी यात्रा को नियंत्रित करने, सचेत विकल्प बनाने और अधिक संतोषजनक परिणामों की ओर ले जाने के लिए प्रोत्साहित करता है।

व्यक्तिगत विकास में संरक्षकता की भूमिका

व्यक्तिगत विकास में संरक्षकता केवल आत्म-संरक्षण तक सीमित नहीं है, बल्कि इसमें वह भूमिका भी शामिल है जो व्यक्ति दूसरों का मार्गदर्शन करने में निभा

सकते हैं। जैसे हनुमान दूसरों की भलाई की रक्षा करते हैं और उन पर नजर रखते हैं, वैसे ही व्यक्ति परामर्शदाताओं की भूमिका निभा सकते हैं, और दूसरों को उनके संक्रमणकालीन चरणों के माध्यम से मार्गदर्शन और सुरक्षा प्रदान कर सकते हैं। संरक्षकता का यह पहलू सेवा के कार्य के माध्यम से किसी के अपने विकास को बढ़ाता है, जो सलाहकार और शिष्य दोनों को समृद्ध करता है।

यह संरक्षकता परिवर्तन के समय नैतिक और नैतिक मूल्यों की रक्षा तक भी फैली हुई है। अनेक चुनौतियों के बावजूद धर्म (कर्तव्य और धार्मिकता) के प्रति हनुमान की अडिग प्रतिबद्धता दबाव में अखंडता बनाए रखने में एक पाठ है। यह सिखाता है कि शारीरिक और आध्यात्मिक संक्रमणों का मार्गदर्शन करने जितना ही महत्वपूर्ण है अपने सिद्धांतों का संरक्षक होना। प्रतिकूलता का सामना करते समय या जीवन के प्रमुख परिवर्तनों के दौरान अपने मूल्यों को बनाए रखना परिणाम की गुणवत्ता और प्राप्त व्यक्तिगत विकास की गहराई को परिभाषित कर सकता है।

संरक्षकता के माध्यम से सशक्तिकरण

द्वारों पर हनुमान की सशक्त उपस्थिति यह भी सुझाव देती है कि सच्ची संरक्षकता दूसरों को अपनी ताकत और रास्ता खोजने में सक्षम बनाना शामिल करती है। जिनकी वे रक्षा करते हैं उन्हें सशक्त बनाकर, हनुमान उनके संक्रमणों को प्रबंधित करने और उनके सामने आने वाली चुनौतियों का आत्मविश्वास और क्षमता के साथ सामना करने की उनकी क्षमता को बढ़ाते हैं। संरक्षकता का यह सशक्तिकरण पहलू किसी भी नेतृत्व या परामर्श भूमिका में महत्वपूर्ण है, जहां लक्ष्य केवल नेतृत्व या निर्देश देना नहीं है, बल्कि दूसरों को आत्मनिर्भर और लचीला बनाना है।

इस प्रकार, संरक्षकता में सुरक्षा और सशक्तिकरण, मार्गदर्शन और सक्षम करने, और सुरक्षा बनाए रखने और अन्वेषण को प्रोत्साहित करने के बीच संतुलन शामिल है। द्वारों पर एक रक्षक और सशक्तिकर्ता के रूप में हनुमान की दोहरी भूमिका इस संतुलित दृष्टिकोण के लिए एक शक्तिशाली मॉडल प्रदान करती है, यह दिखाते हुए कि समझदार और सतर्क संरक्षकता के माध्यम से, व्यक्ति जीवन के महत्वपूर्ण द्वारों को न केवल सुरक्षित बल्कि सफलतापूर्वक भी पार कर सकते

हैं।

संक्षेप में, "हनुमान चालीसा" में द्वारों के रक्षक के रूप में हनुमान का रूपक जीवन के संक्रमणों को नेविगेट करने पर मूल्यवान पाठ प्रस्तुत करता है। यह परिवर्तन के समय सतर्क और सक्रिय रहने, अपने नैतिक मूल्यों की रक्षा करने और स्वयं को और दूसरों को सशक्त बनाने के महत्व को उजागर करता है। इस दृष्टिकोण से, हनुमान की संरक्षकता व्यक्तिगत और आध्यात्मिक विकास के लिए एक मार्गदर्शक सिद्धांत बन जाती है, जो जीवन के जटिल द्वारों के माध्यम से मार्ग को प्रकाशित करती है।

8

"हनुमान चालीसा" के पंद्रहवें और सोलहवें छंद

"हनुमान चालीसा" के पंद्रहवें और सोलहवें छंद हनुमान को कष्टों के निवारणकर्ता के रूप में प्रतिष्ठित करते हैं, उनके भक्तों की बाधाओं को दूर करने और उनके दुखों को कम करने की उनकी पूजनीय क्षमता पर ध्यान केंद्रित करते हैं। यह भूमिका न केवल रामायण में उनकी कृतियों के पौराणिक संदर्भों में महत्वपूर्ण है, बल्कि यह भी दर्शाती है कि आज के समय में व्यक्ति उनके उदाहरण से प्रेरणा लेकर अपने जीवन की चुनौतियों का सामना और समाधान कैसे कर सकते हैं। बाधाओं को दूर करने की हनुमान की क्षमता गहरे प्रतीकात्मक है, जो केवल भौतिक निवारण नहीं बल्कि कठिनाइयों को दूर करने के लिए आवश्यक मनोवैज्ञानिक और आध्यात्मिक लचीलापन भी दर्शाती है।

हनुमान की भूमिका: बाधाओं के निवारणकर्ता के रूप में

हिंदू ग्रंथों में वर्णित विभिन्न कहानियों में, हनुमान को शक्ति, चतुराई और भक्ति के संयोजन से बड़े-बड़े संकटों को दूर करते हुए चित्रित किया गया है। ये कहानियाँ उनकी क्षमता को उजागर करती हैं कि वे न केवल अपनी बल्कि दूसरों की भलाई के लिए भी बाधाओं का सामना और निवारण कर सकते हैं, विशेष रूप से राम और उनके सहयोगियों की सहायता के लिए। उनकी कृतियाँ सेवा की गहरी भावना से प्रेरित होती हैं, जो उनके हस्तक्षेप को केवल वीरता के कार्यों से ऊपर उठाकर निःस्वार्थ सेवा के गहन प्रदर्शनों के रूप में प्रतिष्ठित करती हैं।

यह भूमिका मानव जीवन की स्थिति के साथ गहराई से जुड़ती है, जहां जीवन अक्सर भौतिक, भावनात्मक, या आध्यात्मिक रूपों में विभिन्न प्रकार की बाधाएँ प्रस्तुत करता है। उनका उदाहरण इन चुनौतियों को नेविगेट करने के लिए एक खाका प्रदान करता है, इस बात पर जोर देते हुए कि कठिनाइयों को दूर करने की शक्ति आंतरिक ताकत, उद्देश्य की स्पष्टता और सभी की भलाई के लिए कार्य करने के अडिग संकल्प के संयोजन से आती है।

लचीलापन के माध्यम से बाधाओं को पार करना

लचीलापन की अवधारणा यह समझने में केंद्रीय है कि बाधाओं को कैसे पार किया जा सकता है। लचीलापन कठिनाइयों से उबरने की क्षमता है, जैसे हनुमान खतरों या असफलताओं का सामना करने के बाद फिर से मजबूती से खड़े हो जाते हैं। यह गुण कोई जन्मजात विशेषता नहीं है, बल्कि अनुभव के माध्यम से और कुछ आध्यात्मिक या मनोवैज्ञानिक सिद्धांतों को अपनाकर विकसित किया जा सकता है—वे सिद्धांत जिन्हें हनुमान मूर्त रूप देते हैं।

लचीलापन सकारात्मक दृष्टिकोण बनाए रखने, परिस्थितियों के अनुकूल होने और असफलताओं के बावजूद आगे बढ़ने में शामिल है। हनुमान की यात्रा ऐसे उदाहरणों से भरी हुई है जहां उनके लचीलेपन की परीक्षा ली गई—चाहे वह समुद्र पर उनकी छलांग हो या लंका की खोज। प्रत्येक परिस्थिति न केवल उनकी शारीरिक शक्ति बल्कि उनके मानसिक धैर्य और असंभव परिस्थितियों का सामना करने की उनकी क्षमता को भी दर्शाती है।

आध्यात्मिक लचीलापन और विश्वास

हनुमान का लचीलापन उनके विश्वास के साथ गहराई से जुड़ा हुआ है। राम के प्रति उनकी अडिग भक्ति उन्हें कष्टों का सामना करने और उन्हें दूर करने के लिए शक्ति और प्रेरणा प्रदान करती है। यह एक महत्वपूर्ण पाठ को दर्शाता है: विश्वास—चाहे वह किसी उच्च शक्ति, किसी उद्देश्य, या अपने आप में हो—लचीलापन का एक शक्तिशाली चालक हो सकता है। यह प्रतिकूलता का सामना करने के लिए आवश्यक मनोवैज्ञानिक शक्ति प्रदान कर सकता है और

भारी परिस्थितियों में भी अपनी ऊर्जा को रचनात्मक रूप से निर्देशित कर सकता है।

व्यावहारिक रूप से, इस आध्यात्मिक लचीलेपन को ध्यान, प्रार्थना, या अन्य आध्यात्मिक अभ्यासों के माध्यम से विकसित किया जा सकता है, जो किसी के मूल्यों और विश्वासों को सुदृढ़ करते हैं। ये अभ्यास न केवल तत्काल बाधाओं से निपटने की क्षमता को बढ़ाते हैं, बल्कि भविष्य की चुनौतियों के लिए भी तैयार करते हैं, उन्हें उद्देश्य और दृष्टिकोण की भावना से प्रभावित करते हैं जो तात्कालिक चिंताओं से परे हैं।

बाधाओं को दूर करने के माध्यम से सशक्तिकरण

कष्टों के निवारणकर्ता के रूप में हनुमान की भूमिका का एक और महत्वपूर्ण पहलू वह सशक्तिकरण है जो बाधाओं को दूर करने से आता है। जब अवरोध हट जाते हैं, तो न केवल आगे का मार्ग स्पष्ट हो जाता है, बल्कि व्यक्तियों को बढ़ने, विकसित होने और अपनी क्षमता को प्राप्त करने का अवसर भी मिलता है। यह सशक्तिकरण चुनौतियों को पार करने का स्वाभाविक परिणाम है, लेकिन यह हनुमान जैसे व्यक्तित्वों के समर्थन और हस्तक्षेप का जानबूझकर परिणाम भी है।

एक व्यापक अर्थ में, दूसरों को सशक्त बनाना उनके लिए उनकी बाधाओं को देखने और पार करने में मदद करना है। जिस प्रकार हनुमान कष्ट में फंसे लोगों की मदद करते हैं, उसी प्रकार व्यक्ति परामर्श, मार्गदर्शन, और आवश्यकता के समय व्यावहारिक सहायता प्रदान करके एक-दूसरे का समर्थन कर सकते हैं। बाधाओं को दूर करने के इस सहयोगात्मक दृष्टिकोण से रिश्तों को मजबूत किया जा सकता है, समुदायों का निर्माण किया जा सकता है, और आपसी समर्थन और लचीलापन की संस्कृति को बढ़ावा दिया जा सकता है।

हनुमान के पाठों को दैनिक जीवन में शामिल करना

हनुमान की भूमिका से मिलने वाले पाठों को अपने दैनिक जीवन में शामिल करना इसमें शामिल है कि अपने मार्ग की बाधाओं को पहचानें और उनका साहस,

बुद्धिमत्ता और विश्वास तथा समुदाय के समर्थन से सामना करें। यह स्वीकार करना आवश्यक है कि जीवन की चुनौतियाँ केवल बाधाएँ नहीं हैं, बल्कि विकास और आत्म-सुधार के अवसर हैं।

हनुमान के गुणों—उनकी शक्ति, लचीलापन और उनकी भक्ति—को आत्मसात करके, व्यक्ति जीवन की चुनौतियों के प्रति अपने दृष्टिकोण को बदल सकते हैं। वे बाधाओं को अपने संकल्प को प्रदर्शित करने और अपने चरित्र को मजबूत करने के अवसरों के रूप में देखना सीख सकते हैं, जैसे हनुमान अपने महाकाव्य कथाओं में करते हैं। यह दृष्टिकोण न केवल तत्काल कठिनाइयों को दूर करने में मदद करता है बल्कि जीवन के सभी पहलुओं को लाभान्वित करने के लिए ताकत और लचीलापन की नींव भी बनाता है।

संक्षेप में, "हनुमान चालीसा" में कष्टों के निवारणकर्ता के रूप में हनुमान का चित्रण विश्वास, लचीलापन और सामूहिक समर्थन के माध्यम से प्रतिकूलता को दूर करने की मानव क्षमता की गहन याद दिलाता है। उनका उदाहरण व्यक्तियों को साहस के साथ अपनी चुनौतियों का सामना करने और दूसरों को उनके संघर्षों में सहायता करने के लिए प्रेरित करता है, जिससे एक ऐसी दुनिया का निर्माण होता है जहां बाधाओं को केवल अवरोध नहीं बल्कि विकास और सशक्तिकरण के उत्प्रेरक के रूप में देखा जाता है।

९

"हनुमान चालीसा" के सत्रहवें और अठारहवें छंद

"हनुमान चालीसा" के सत्रहवें और अठारहवें छंद हनुमान की इंद्रियों पर उनकी महारत को उजागर करते हैं, जो उनके चरित्र का एक महत्वपूर्ण पहलू है और उनकी क्षमताओं को बढ़ाने के साथ-साथ उन्हें एक सेवक, योद्धा और नेता के रूप में प्रभावी बनाता है। यह महारत केवल शारीरिक संयम के बारे में नहीं है, बल्कि आत्म-नियंत्रण, सतर्कता और आत्म-अनुशासन के प्रति एक गहरी दार्शनिक दृष्टिकोण को भी समाहित करती है। ऐसा नियंत्रण उन सभी के लिए आवश्यक है जो एक संतुलित, नैतिक और केंद्रित जीवन जीने की आकांक्षा रखते हैं, जिससे हनुमान का उदाहरण आज की तेज-तर्रार दुनिया में विशेष रूप से प्रासंगिक हो जाता है।

इंद्रियों पर नियंत्रण का महत्व

हनुमान की इंद्रियों पर महारत उनके महान आध्यात्मिक उपलब्धियों और उनकी अपार अनुशासन का प्रमाण है। कई आध्यात्मिक परंपराओं में, इंद्रियों पर नियंत्रण को उच्च चेतना और आध्यात्मिक ज्ञान प्राप्त करने की दिशा में एक मौलिक कदम माना जाता है। इंद्रियाँ अक्सर व्यक्तियों को भौतिक दुनिया के पहलुओं से जोड़ती हैं और विचलन, प्रलोभन और कभी-कभी नैतिक पतन का

कारण बन सकती हैं। इन इंद्रियों पर महारत हासिल करके, हनुमान अपनी ऊर्जा को अधिक प्रभावी ढंग से केंद्रित कर पाते हैं और अपने धर्म (कर्तव्य) के अनुसार बिना किसी विचलन के कार्य करते हैं।

इंद्रियों पर यह नियंत्रण हनुमान को रामायण और अन्य कथाओं में वर्णित अद्भुत कार्यों को करने में सक्षम बनाता है। चाहे वह लंका की ओर छलांग हो या उनके द्वारा अंगूठे के आकार तक सिकुड़ने की क्षमता, ये कहानियाँ रूपक रूप से उनके भौतिक संसार, जिसमें उनका शरीर और इच्छाएँ शामिल हैं, पर उनकी महारत को दर्शाती हैं। यह महारत उनके आध्यात्मिक और सांसारिक सफलता का एक अभिन्न हिस्सा है, जो उनके कार्यों और निर्णयों के लिए एक स्थिर आधार प्रदान करती है।

आत्म-नियंत्रण और इसके लाभ

हनुमान द्वारा प्रदर्शित आत्म-नियंत्रण का अभ्यास केवल प्रलोभन से बचने के बारे में नहीं है; यह एक अनुशासित जीवन शैली को विकसित करने के बारे में है जो किसी के आध्यात्मिक और नैतिक मूल्यों के साथ मेल खाती है। आत्म-नियंत्रण ध्यान केंद्रित रखने, ऊर्जा को संरक्षित करने और दीर्घकालिक लक्ष्यों को तत्काल संतोषजनकता से अधिक प्राथमिकता देने में मदद करता है। आधुनिक जीवन के संदर्भ में, यह वित्त, संबंधों, करियर, और व्यक्तिगत स्वास्थ्य जैसे क्षेत्रों में बेहतर निर्णय लेने में अनुवाद कर सकता है।

उदाहरण के लिए, पेशेवर क्षेत्र में, आत्म-नियंत्रण व्यक्तियों को तनावपूर्ण परिस्थितियों में अपनी प्रतिक्रियाओं का प्रबंधन करने में मदद कर सकता है, जिससे अधिक विचारशील संवाद और प्रभावी नेतृत्व हो सकता है। व्यक्तिगत जीवन में, इसका मतलब हो सकता है कि भावनात्मक प्रतिक्रियाओं और आवेगों का बेहतर प्रबंधन, जो स्वस्थ संबंधों और जीवनशैली विकल्पों की ओर ले जाता है।

सतर्कता और आत्म-अनुशासन

आत्म-नियंत्रण से घनिष्ठ रूप से जुड़ा हुआ है सतर्कता का अभ्यास—अपने

विचारों, भावनाओं और कार्यों के प्रति पूरी तरह से उपस्थित और जागरूक होना। हनुमान के कार्य हमेशा जानबूझकर और जागरूक होते हैं, उनके लक्ष्यों और जिनकी वे सेवा करते हैं उनकी जरूरतों के गहन ध्यान से निर्देशित होते हैं। यह सतर्कता सुनिश्चित करती है कि उनके कार्य केवल बाहरी उत्तेजनाओं के प्रति प्रतिक्रियाएँ नहीं हैं बल्कि स्थिति के लिए अच्छी तरह से विचार किए गए उत्तर हैं।

आत्म-अनुशासन, जो आत्म-नियंत्रण और सतर्कता का स्वाभाविक विस्तार है, इसमें अपने लिए नियम और सीमाएँ निर्धारित करना और उन्हें लगातार पालन करना शामिल है। यह उन आदतों को बनाने के बारे में है जो जीवन में प्रभावशीलता और संतोष की ओर ले जाती हैं। हनुमान का जीवन, जिसमें उनके अनुशासित अभ्यास, राम के प्रति उनकी भक्ति और सेवा तथा ब्रह्मचर्य का पालन शामिल है, यह दर्शाता है कि आत्म-अनुशासन उद्देश्य प्राप्त करने और नैतिक अखंडता बनाए रखने में कितनी शक्ति रखता है।

दैनिक जीवन में इंद्रियों पर महारत को शामिल करना

दैनिक जीवन में इंद्रियों पर महारत को शामिल करना नियमित अभ्यास और प्रतिबद्धता की आवश्यकता है। यह नियमित ध्यान जैसे सरल कदमों के साथ शुरू हो सकता है, जो मन को शांत करने और वर्तमान क्षण में जागरूकता लाने में मदद करता है। खाने, चलने, या सुनने जैसी रोज़मर्रा की गतिविधियों में सतर्कता का अभ्यास करना भी इंद्रियों पर अधिक नियंत्रण विकसित कर सकता है।

इसके अलावा, एक दैनिक दिनचर्या निर्धारित करना और उसका पालन करना जो किसी के मूल्यों के साथ मेल खाती है, आत्म-अनुशासन को बढ़ा सकती है। इसमें काम, व्यायाम, अध्ययन और आराम के लिए समर्पित समय शामिल हो सकता है। समय के साथ, ये प्रथाएँ उस नियंत्रण को कम करने में मदद कर सकती हैं जो अनियंत्रित इंद्रिय इनपुट और इच्छाओं का किसी के जीवन पर होता है, जिससे अधिक शांति और प्रभावशीलता प्राप्त होती है।

इंद्रियों पर महारत के व्यापक निहितार्थ

व्यापक स्तर पर, इंद्रियों पर महारत एक अधिक सामंजस्यपूर्ण समाज का निर्माण

कर सकती है। जब व्यक्ति अपने आवेगों पर नियंत्रण रखते हैं और सतर्क जीवन जीने पर ध्यान केंद्रित करते हैं, तो वे उन व्यवहारों में शामिल होने की संभावना कम रखते हैं जो स्वयं या दूसरों के लिए हानिकारक हैं। यह संघर्षों को कम कर सकता है, उत्पादकता बढ़ा सकता है, और समुदायों में जीवन की समग्र गुणवत्ता को बढ़ा सकता है।

हनुमान के इंद्रियों पर महारत का उदाहरण आत्म-नियंत्रण, सतर्कता, और अनुशासन के महत्व पर मूल्यवान पाठ प्रदान करता है। इन गुणों को आत्मसात करके, व्यक्ति जीवन की चुनौतियों को अधिक आसानी और प्रभावशीलता के साथ नेविगेट कर सकते हैं, अपने व्यक्तिगत और पेशेवर लक्ष्यों को प्राप्त कर सकते हैं, और अपने आसपास की दुनिया में सकारात्मक योगदान दे सकते हैं। वास्तव में, हनुमान की इंद्रियों पर महारत न केवल उनकी आध्यात्मिक महानता को रेखांकित करती है बल्कि व्यक्तिगत विकास और सामाजिक कल्याण के लिए एक व्यावहारिक और गहन खाका भी प्रदान करती है।

10

"हनुमान चालीसा" के उन्नीसवें और बीसवें छंद

"हनुमान चालीसा" के उन्नीसवें और बीसवें छंद हनुमान को उनके सबसे प्रभावशाली रूप में चित्रित करते हैं, एक ऐसा रूप जो उनकी अपार शारीरिक शक्ति और उनकी शक्तिशाली आध्यात्मिक उपस्थिति को समाहित करता है। यह हनुमान की एक विशाल आकृति की छवि न केवल उनकी शारीरिक क्षमता को बल्कि उनकी दिव्य ऊर्जा के गहरे समन्वय को उजागर करती है, जो सच्ची शक्ति और सामर्थ्य की प्रकृति के बारे में एक गहरी कथा को रेखांकित करती है।

हनुमान की भयावहता का द्वैत स्वभाव

हनुमान की भयावहता दो मुख्य तरीकों से व्यक्त होती है: उनकी शारीरिक शक्ति और उनके चारों ओर के आध्यात्मिक आभामंडल के माध्यम से। उनकी शारीरिक क्षमताएँ असाधारण हैं; वे अपनी इच्छा से आकार बदल सकते हैं, विशाल दूरी तय कर सकते हैं, और पूरे पहाड़ उठा सकते हैं। ये अद्भुत कारनामे उनकी दिव्य उत्पत्ति, वायु के पुत्र होने का प्रतीक हैं। हालांकि, उनकी भयावहता केवल उनकी शारीरिक क्षमताओं तक सीमित नहीं है। यह उनके आध्यात्मिक बल का भी परिणाम है, जिसे वे प्रभु राम के प्रति अपनी अडिग भक्ति और धर्म (धार्मिकता) के सिद्धांतों के प्रति अपनी गहरी प्रतिबद्धता से प्राप्त करते हैं।

शक्ति का यह द्वैत स्वभाव—शारीरिक और आध्यात्मिक का संयोजन—यह समझने के लिए एक अधिक समग्र दृष्टिकोण प्रदान करता है कि वास्तव में शक्तिशाली होना क्या है। यह सुझाव देता है कि वास्तविक शक्ति केवल शारीरिक क्षमताओं के बारे में नहीं है; यह उतना ही नैतिक और आध्यात्मिक गुणों के बारे में है जो कोई धारण करता है। हनुमान की शक्ति, इस प्रकार, उनकी अलौकिक उपलब्धियों के साथ-साथ उनकी अखंडता, साहस, निःस्वार्थता और निष्ठा के बारे में भी उतनी ही है।

आंतरिक शक्ति और उसका प्रभाव

आंतरिक शक्ति की अवधारणा हनुमान की भूमिका और उनके प्रभाव को समझने में महत्वपूर्ण है। आंतरिक शक्ति आत्म-अनुशासन, नैतिक विश्वासों, भावनात्मक लचीलापन, और आध्यात्मिक ज्ञान के संयोजन से उत्पन्न होती है। हनुमान लगातार इन गुणों को प्रदर्शित करते हैं, चाहे वह राम के मिशन को पूरा करना हो, महाकाव्य में अन्य पात्रों को सलाह देना हो, या विरोधियों से निपटना हो। उनकी आंतरिक शक्ति उन्हें भयावह चुनौतियों का सामना करने की अनुमति देती है, बिना डगमगाए और हमेशा सामूहिक भलाई के अनुरूप निर्णय लेने की क्षमता प्रदान करती है।

यह आंतरिक दृढ़ता विशेष रूप से आधुनिक संदर्भों में प्रासंगिक है, जहां नैतिक दुविधाएँ और जटिल चुनौतियाँ अक्सर सामने आती हैं। हनुमान का उदाहरण यह याद दिलाने के रूप में कार्य करता है कि आंतरिक शक्ति ऐसी स्थितियों को प्रभावी ढंग से नेविगेट करने के लिए आवश्यक है। यह नैतिक मार्गदर्शन और साहस प्रदान करता है, जिससे सही तरीके से कार्य करना संभव हो जाता है, भले ही ऐसे कार्य कठिन या चुनौतीपूर्ण क्यों न हों।

दिव्य उपस्थिति की शक्ति

हनुमान का भयावह रूप दिव्य उपस्थिति का भी एक प्रतीक है, जो एक उच्च आध्यात्मिक शक्ति की भावना को संदर्भित करता है जो एक व्यक्ति को मार्गदर्शन और ऊर्जा प्रदान करती है। हनुमान के मामले में, यह दिव्य उपस्थिति

उनके राम के प्रति भक्ति से गहराई से जुड़ी हुई है, जो उन्हें असाधारण क्षमताओं और गहन शांति से भर देती है। यह संबंध विश्वास और भक्ति की परिवर्तनकारी शक्ति को उजागर करता है, यह सुझाव देते हुए कि एक उच्च उद्देश्य या सत्ता के साथ आध्यात्मिक संरेखण एक व्यक्ति की क्षमताओं और प्रभाव को बढ़ा सकता है।

हनुमान के जीवन में यह दिव्य उपस्थिति केवल शक्ति का स्रोत नहीं है, बल्कि दूसरों के लिए आशा और आश्वासन का एक प्रकाशस्तंभ भी है। उनकी उपस्थिति संकटग्रस्त लोगों को सांत्वना देती है, भयभीत लोगों को शक्ति प्रदान करती है, और निराश लोगों को प्रेरित करती है। इस प्रकार, हनुमान की भयावहता का यह दिव्य पहलू न केवल व्यक्तिगत शक्ति प्रदान करता है बल्कि सामुदायिक समर्थन भी प्रदान करता है, आध्यात्मिक और नैतिक नेतृत्व के माध्यम से दूसरों को ऊपर उठाता है।

हनुमान की भयावहता के पाठों को आत्मसात करना

हनुमान की भयावह प्रकृति से प्राप्त पाठों को अपने जीवन में शामिल करना अपनी आंतरिक ताकतों को पहचानने और पोषण करने और एक उच्च आध्यात्मिक या नैतिक उद्देश्य के साथ जुड़ने का अर्थ है। इसका अर्थ यह समझना है कि सच्ची शक्ति शारीरिक, भावनात्मक, और आध्यात्मिक तत्वों के मिश्रण में है और यह कि इन पहलुओं में से प्रत्येक का विकास एक अच्छी तरह से संतुलित और प्रभावशाली जीवन के लिए महत्वपूर्ण है।

व्यक्तियों के लिए, इसका अर्थ हो सकता है कि ऐसे अभ्यासों में संलग्न होना जो शारीरिक स्वास्थ्य और जीवन शक्ति को बढ़ाते हैं, भावनात्मक लचीलापन को बढ़ावा देते हैं, और आध्यात्मिक समझ को गहरा करते हैं। समुदायों के लिए, इसका अर्थ ऐसे नेताओं और सदस्यों का पोषण करना है जो इन गुणों को धारण करते हैं और जो सामूहिक कल्याण में सकारात्मक योगदान दे सकते हैं।

इसके अलावा, दिव्य उपस्थिति की शक्ति को पहचानना—चाहे कोई इसे धार्मिक रूप से या अधिक लौकिक रूप से सार्वभौमिक मूल्यों के साथ एक संरेखण के रूप में व्याख्या करे—व्यक्तियों को अधिक उद्देश्यपूर्ण जीवन जीने और अपने कार्यों

में अधिक सामंजस्य और प्रभाव प्राप्त करने के लिए प्रेरित कर सकता है।

हनुमान के रूप का व्यापक प्रभाव

अंततः, हनुमान के भयावह रूप के व्यापक निहितार्थ व्यक्तिगत और सामुदायिक स्तरों से परे जाकर सामाजिक मानदंडों और मूल्यों को शामिल करते हैं। वे समाज जो शारीरिक बल और आध्यात्मिक गहराई दोनों का सम्मान और पोषण करते हैं, अधिक लचीले, नैतिक और सामंजस्यपूर्ण होने की संभावना रखते हैं। हनुमान की संतुलित शक्ति का अवतार ऐसे समाजों के लिए एक आदर्श प्रस्तुत करता है, यह सुझाव देते हुए कि शक्ति का सबसे सच्चा रूप समग्र, समावेशी और नैतिक रूप से आधारित है।

संक्षेप में, "हनुमान चालीसा" में हनुमान को एक भयावह शक्ति के रूप में चित्रित करना केवल उनकी पौराणिक शक्ति का उत्सव नहीं है, बल्कि सच्ची शक्ति की प्रकृति पर एक गहन टिप्पणी भी है। उनका उदाहरण यह पुनर्मूल्यांकन करने के लिए प्रेरित करता है कि वास्तव में शक्तिशाली होना क्या है, शारीरिक सामर्थ्य, नैतिक अखंडता, और आध्यात्मिक गहराई को समान रूप से महत्व देने के लिए आग्रह करता है। इस दृष्टिकोण से, हनुमान की विरासत प्रेरित करना और मार्गदर्शन करना जारी रखती है, ताकत, नेतृत्व, और एक संतुलित और उद्देश्यपूर्ण जीवन के अनुसरण पर कालातीत पाठ प्रदान करती है।

11

"हनुमान चालीसा" के इक्कीसवें और बाईसवें छंद

"हनुमान चालीसा" के इक्कीसवें और बाईसवें छंद हनुमान के चरित्र के एक कम चर्चा में आने वाले लेकिन समान रूप से महत्वपूर्ण पहलू को उजागर करते हैं: उनकी विद्वता और गहन बुद्धिमत्ता। ये छंद उनके शास्त्रों के गहन ज्ञान और उनकी बौद्धिक क्षमता को स्वीकार करते हैं, जो उनकी शारीरिक शक्ति और भक्ति को पूरा करते हैं। हनुमान का यह विद्वत्तापूर्ण पक्ष शिक्षा, ज्ञान, और बौद्धिक अन्वेषण के महत्व को रेखांकित करता है, जो न केवल अपने आप में लक्ष्य हैं बल्कि एक संतुलित और उद्देश्यपूर्ण जीवन के महत्वपूर्ण घटक भी हैं।

बौद्धिक गुणों के प्रतीक के रूप में हनुमान

हनुमान की विद्वता उनकी विरासत का एक अभिन्न हिस्सा है, यह दर्शाती है कि सच्चा ज्ञान और शिक्षा शारीरिक शक्ति या आध्यात्मिक भक्ति जितनी ही महत्वपूर्ण है। यह दृष्टिकोण विशेष रूप से महत्वपूर्ण है, यह देखते हुए कि हनुमान की अन्य प्रसिद्ध विशेषताएँ, जैसे उनकी शक्ति और साहस, अधिक ध्यान आकर्षित करती हैं। यह सुझाव देता है कि बौद्धिक विकास केवल शैक्षणिक रूप से इच्छुक लोगों के लिए नहीं है, बल्कि उन सभी के लिए महत्वपूर्ण है जो अपने जीवन को शारीरिक या आध्यात्मिक रूप से समृद्ध करना चाहते हैं।

महाकाव्य रामायण में, हनुमान अपनी बौद्धिक क्षमताओं को कई उदाहरणों में प्रदर्शित करते हैं, जैसे जब वे भगवान राम को सलाह देते हैं या जटिल परिस्थितियों को चतुराई और कूटनीति के साथ नेविगेट करते हैं। उनकी शास्त्रों का उच्चारण करने की क्षमता, विद्वानों के साथ संवाद करने की क्षमता, और युद्धों में रणनीति बनाने की क्षमता यह रेखांकित करती है कि ज्ञान और बुद्धिमत्ता सांसारिक और आध्यात्मिक दोनों प्रयासों में शक्तिशाली उपकरण हैं।

शिक्षा और ज्ञान की शक्ति

शास्त्रों के हनुमान के ज्ञान पर जोर शिक्षा के व्यापक मूल्य को उजागर करता है। शिक्षा, इस संदर्भ में, केवल तथ्यात्मक जानकारी प्राप्त करने तक सीमित नहीं है बल्कि गहन समझ और बुद्धिमत्ता के विकास तक फैली हुई है। यह एक परिवर्तनकारी प्रक्रिया शामिल करता है जो किसी के विचारों, नैतिकता, और कार्यों को परिष्कृत करता है। शिक्षा व्यक्तियों को सशक्त बनाती है, जिससे वे सूचित निर्णय ले सकते हैं, समस्याओं को प्रभावी ढंग से हल कर सकते हैं, और समाज में सकारात्मक योगदान दे सकते हैं।

इसके अलावा, हनुमान के जीवन के माध्यम से चित्रित ज्ञान को प्रभावी नेतृत्व और शासन के लिए एक नींव के रूप में दिखाया गया है। धर्मिक (धार्मिक) कानूनों और शास्त्रों की उनकी विशाल समझ से सूचित उनके निर्णय और कार्य, इस बात के उदाहरण हैं कि शिक्षा कैसे न्यायसंगत और नैतिक नेतृत्व को प्रेरित कर सकती है।

जीवन भर सीखने को प्रोत्साहित करना

एक विद्वान के रूप में हनुमान का चित्रण आजीवन सीखने के महत्व की एक सशक्त याद दिलाने वाला है। हनुमान का अध्ययन उनके प्रारंभिक वर्षों तक सीमित नहीं था बल्कि उनकी यात्रा का एक सतत हिस्सा था। उनके चरित्र का यह पहलू व्यक्तियों को शिक्षा को एक जीवनभर की खोज के रूप में देखने के लिए प्रोत्साहित करता है न कि एक सीमित लक्ष्य के रूप में।

जीवन भर सीखने में निरंतर अपने ज्ञान और कौशल को अपडेट करना, दुनिया के

प्रति जिज्ञासा बनाए रखना, और नए विचारों के लिए खुला होना शामिल है। इसे औपचारिक शिक्षा, आत्म-अध्ययन, या अधिक अनौपचारिक साधनों जैसे यात्रा, सांस्कृतिक आदान-प्रदान, या व्यावहारिक अनुभव के माध्यम से प्राप्त किया जा सकता है। जीवन भर सीखने की आदत को बढ़ावा देकर, व्यक्ति परिवर्तनों के लिए अधिक प्रभावी ढंग से अनुकूल हो सकते हैं और अधिक आसानी से अवसरों को भुना सकते हैं।

बौद्धिक विकास और आध्यात्मिक ज्ञान

दिलचस्प बात यह है कि हनुमान की बौद्धिक खोजें उनके आध्यात्मिक प्रयासों के साथ भी जुड़ी हुई हैं। शास्त्रों की उनकी गहन समझ और उनके ध्यानपूर्ण अभ्यास एक-दूसरे से जुड़े हुए हैं, यह सुझाव देते हैं कि बौद्धिक विकास और आध्यात्मिक ज्ञान परस्पर पूरक खोजें हैं। यह कनेक्शन इस बात को उजागर करता है कि सच्ची समझ समग्र है, जो जीवन के बौद्धिक और आध्यात्मिक दोनों आयामों को समेटे हुए है।

ज्ञान और बुद्धिमत्ता के प्रति यह समग्र दृष्टिकोण विशेष रूप से आज की वैश्वीकृत दुनिया में प्रासंगिक है, जहां शांति और सहयोग के लिए विभिन्न दृष्टिकोणों और संस्कृतियों को समझना महत्वपूर्ण है। बौद्धिक विकास, इस प्रकार, आध्यात्मिक और नैतिक समझ की गहराई के साथ शामिल हो सकता है और होना चाहिए, जो बदले में एक अधिक करुणामय और सहिष्णु दृष्टिकोण को बढ़ावा देता है।

आधुनिक जीवन में हनुमान की बौद्धिक विरासत को शामिल करना

हनुमान की विद्वता की विरासत को अपनाना केवल शैक्षणिक उपलब्धि को महत्व देने के बारे में नहीं है; यह ज्ञान और बुद्धिमत्ता के सभी रूपों के प्रति गहरी सम्मान को पोषित करने के बारे में है। इसमें महत्वपूर्ण सोच को प्रोत्साहित करना, सीखने के प्रति प्रेम को बढ़ावा देना, और शैक्षिक प्रणालियों में नैतिक तर्क को बढ़ावा देना शामिल है। इसका अर्थ ऐसे वातावरण बनाना भी है—घर पर, स्कूलों में, और कार्यस्थलों में—जो बौद्धिक जिज्ञासा को उत्तेजित करते हैं और विचारों के मुक्त आदान-प्रदान की अनुमति देते हैं।

इसके अलावा, व्यक्तिगत जीवन में हनुमान के इस पहलू को शामिल करना एक ऐसी मानसिकता को अपनाने में शामिल है जो सभी बातचीत और अनुभवों में सीखने को महत्व देती है और उसकी तलाश करती है। चाहे वह पढ़ने, चर्चा, यात्रा, या चिंतन के माध्यम से हो, हर स्थिति सीखने और बौद्धिक विकास के अवसर प्रदान करती है।

संक्षेप में, "हनुमान चालीसा" में एक विद्वान के रूप में हनुमान का चित्रण शिक्षा और ज्ञान की समृद्ध शक्ति की एक गहन याद दिलाने वाला है। उनका उदाहरण जीवन के लिए एक संतुलित दृष्टिकोण को प्रेरित करता है, जहां शारीरिक शक्ति, आध्यात्मिक भक्ति, और बौद्धिक कौशल को एक पूर्ण और प्रभावी अस्तित्व के लिए महत्वपूर्ण के रूप में देखा जाता है। इस बहुआयामी विरासत के माध्यम से, हनुमान व्यक्तियों को ज्ञान प्राप्त करने, गहराई से सोचने, और समझदारी से जीने के लिए प्रेरित करना जारी रखते हैं, जिससे एक अधिक प्रबुद्ध और विचारशील दुनिया में योगदान होता है।

12

"हनुमान चालीसा" के तेइसवें और चौबीसवें छंद

"हनुमान चालीसा" के तेइसवें और चौबीसवें छंद हनुमान की गहरी विनम्रता और भगवान राम के प्रति उनकी अटूट सेवा में गहराई से उतरते हैं, उन्हें सेवा और निःस्वार्थता के आदर्श के रूप में प्रस्तुत करते हैं। ये छंद उन्हें केवल एक भक्त के रूप में नहीं, बल्कि एक सेवक के रूप में चित्रित करते हैं, जिनके कार्य भक्ति और कर्तव्य की गहरी भावना से निर्देशित होते हैं। यह विनम्रता और सेवा के प्रति उनकी प्रतिबद्धता एक समृद्ध कथा प्रदान करती है, जो दिखाती है कि ये गुण सच्चे नेतृत्व और व्यक्तिगत अखंडता का आधार कैसे बनाते हैं।

हनुमान की विनम्रता का सार

विनम्रता हनुमान की सबसे परिभाषित विशेषताओं में से एक है। उनकी दिव्य शक्तियों और महाकाव्य रामायण में उनकी महत्वपूर्ण भूमिका के बावजूद, वह एक ऐसे व्यक्ति बने रहते हैं जो अपने लिए प्रशंसा या महिमा नहीं चाहते। उनके कार्य केवल राम की सेवा करने और उनकी भलाई और सफलता सुनिश्चित करने की इच्छा से प्रेरित होते हैं। यह विनम्रता कमजोरी या भय से नहीं, बल्कि जीवन और कर्तव्य के प्रति एक गहरी आध्यात्मिक समझ और सम्मान से उत्पन्न होती है। यह विनम्रता उनकी महानता को बढ़ाती है, जिससे उनकी शक्ति और

बुद्धिमत्ता सभी के लिए सुलभ और लाभकारी बनती है, न कि व्यक्तिगत महिमा के लिए एक साधन।

हनुमान के चरित्र का यह पहलू मानव बातचीत और उपलब्धियों में अहंकार की भूमिका पर एक शक्तिशाली प्रतिबिंब है। विनम्रता को चुनकर, हनुमान दिखाते हैं कि सच्ची शक्ति अपनी क्षमताओं को जानने और उन्हें अपने से बड़े उद्देश्य के लिए उपयोग करने में निहित है। यह सिखाता है कि नेतृत्व और प्रभाव का सबसे अच्छा उपयोग तब किया जाता है जब वे दूसरों की भलाई में निहित होते हैं न कि व्यक्तिगत शक्ति की खोज में।

सेवा: भक्ति का एक रूप

हनुमान के लिए, सेवा भगवान राम के प्रति उनकी भक्ति का एक विस्तार है और उनकी विनम्रता की व्यावहारिक अभिव्यक्ति है। उनका जीवन इस विचार का प्रमाण है कि दूसरों की सेवा करना आध्यात्मिक अभ्यास के सर्वोच्च रूपों में से एक है। यह सेवा निष्क्रिय नहीं है बल्कि सक्रिय है, जिसमें साहस, पहल, और कभी-कभी व्यक्तिगत जोखिम भी शामिल है। लंका की ओर हनुमान की यात्रा, रावण के खिलाफ युद्ध में उनकी लड़ाई, और राम के सहयोगियों की रक्षा के लिए उनके असंख्य कार्य सभी सेवा के प्रति उनकी प्रतिबद्धता से प्रेरित हैं।

यह धारणा कि सेवा नैतिक नेतृत्व और व्यक्तिगत अखंडता की रीढ़ बनाती है, आज विशेष रूप से प्रासंगिक है। एक ऐसी दुनिया में जो अक्सर व्यक्तिवाद और प्रतिस्पर्धा से प्रेरित होती है, सहयोग, परोपकार, और निःस्वार्थता के मूल्य स्थायी और सामंजस्यपूर्ण जीवन के लिए स्तंभ के रूप में खड़े होते हैं। नेता, हनुमान की तरह, जब अपने लोगों की ज़रूरतों और भलाई को अपनी इच्छाओं पर प्राथमिकता देते हैं, तो वफादारी को प्रेरित कर सकते हैं और महान चीजें हासिल कर सकते हैं।

आधुनिक नेतृत्व में विनम्रता और सेवा

विनम्रता और सेवा आधुनिक नेतृत्व के लिए आवश्यक हैं। वे ऐसे वातावरण को बढ़ावा देते हैं जहां विश्वास, सम्मान, और वफादारी पनपते हैं। जो नेता सच्ची विनम्रता प्रदर्शित करते हैं, वे अधिक पहुंचने योग्य और संबंधित होते हैं, जिससे वे

अपनी भूमिकाओं में अधिक प्रभावी बनते हैं। वे अपने उदाहरण के माध्यम से, बल प्रयोग के बजाय, अपनी टीमों को अधिक प्रतिबद्धता और प्रयास के लिए प्रेरित करते हैं।

इसके अलावा, सेवा-उन्मुख नेतृत्व एक ऐसी संस्कृति को बढ़ावा देता है जहां संगठन या समुदाय के लक्ष्य उसके सदस्यों की भलाई के साथ जुड़े होते हैं। यह दृष्टिकोण कार्यस्थलों और समाजों को बदल सकता है, उन्हें अधिक समावेशी, सहायक, और पारस्परिक विकास पर केंद्रित बना सकता है। ऐसे वातावरण में, नेता की सफलता सीधे उनके लोगों की सफलता से जुड़ी होती है, जो नैतिक व्यवहार और निःस्वार्थ कार्रवाई के लिए एक शक्तिशाली प्रेरणा बनाता है।

विनम्रता और सेवा को व्यक्तिगत जीवन में शामिल करना

अपने व्यक्तिगत जीवन में विनम्रता और सेवा को शामिल करना दूसरों के योगदानों को पहचानने और स्वीकार करने और अक्सर दूसरों की ज़रूरतों को अपनी इच्छाओं से पहले रखने में शामिल है। इसमें सभी से सीखने की इच्छा और दूसरों के जीवन में सकारात्मक योगदान देने की प्रतिबद्धता की आवश्यकता होती है। विनम्रता का अभ्यास करना दूसरों को चमकने देने के लिए पीछे हटने, गलत होने पर स्वीकार करने, या नए विचारों और दृष्टिकोणों के लिए खुले रहने में शामिल हो सकता है।

सेवा को दैनिक जीवन में एक कप चाय की तरह सरल कर सकते हैं। दैनिक जीवन में सेवा को शामिल करना उन तरीकों को सक्रिय रूप से देखने में शामिल है जिनसे दूसरों की मदद की जा सकती है, चाहे छोटे-छोटे दया के कार्यों के माध्यम से, स्वयंसेवा के माध्यम से, या किसी के व्यावसायिक कर्तव्यों में। इसमें दूसरों की ज़रूरतों को समझने और उनका समाधान करने का प्रयास करना, और उनकी स्थितियों को बेहतर बनाने के लिए अपनी कौशल और संसाधनों का उपयोग करना शामिल है।

विनम्रता और सेवा का व्यापक प्रभाव

विनम्रता और सेवा को अपनाना एक लहर प्रभाव पैदा करता है, जो व्यक्तिगत

लाभों से परे व्यापक सामाजिक संरचनाओं को प्रभावित करता है। जो समाज इन मूल्यों को संजोते हैं, वे अधिक लचीले, दयालु, और शांतिपूर्ण होते हैं। वे आंतरिक संघर्षों और बाहरी दबावों को बेहतर तरीके से संभाल सकते हैं, क्योंकि उनके सदस्य आपसी समर्थन और समझ के लिए प्रतिबद्ध होते हैं।

संक्षेप में, "हनुमान चालीसा" में एक विनम्र सेवक के रूप में हनुमान का चित्रण विनम्रता और सेवा के गुणों पर गहन अंतर्दृष्टि प्रदान करता है। ये गुण, हालांकि अक्सर नेतृत्व और सफलता से जुड़े अधिक आक्रामक लक्षणों के पक्ष में अनदेखी किए जाते हैं, वास्तव में सच्ची प्रभावशीलता और अखंडता के लिए मौलिक हैं। हनुमान का उदाहरण एक सार्थक जीवन जीने की तलाश में किसी के लिए एक मार्गदर्शक प्रकाश के रूप में कार्य करता है, जो दूसरों के प्रति सम्मान और व्यापक भलाई के प्रति प्रतिबद्धता से चिह्नित होता है।

13

"हनुमान चालीसा" के पच्चीसवें और छब्बीसवें छंद

"हनुमान चालीसा" के पच्चीसवें और छब्बीसवें छंद हनुमान की क्षमताओं के एक और गहरे पहलू पर प्रकाश डालते हैं: उनके उपचारकर्ता की भूमिका। यह भूमिका केवल शारीरिक उपचार के कार्य तक सीमित नहीं है; यह आध्यात्मिक और भावनात्मक पुनर्स्थापन तक भी फैली हुई है। हनुमान की उपचार शक्तियाँ केवल चमत्कारी हस्तक्षेप नहीं हैं, बल्कि उनकी आध्यात्मिक शक्ति और उनके विश्वास में गहराई से निहित हैं। ये छंद इस प्रकार विश्वास, आध्यात्मिकता, और स्वास्थ्य के बीच की आंतरिक कड़ी पर एक व्यापक चर्चा खोलते हैं, यह रेखांकित करते हुए कि ये तत्व समग्र उपचार प्रक्रियाओं में कैसे योगदान करते हैं।

हनुमान की उपचार क्षमताएँ

महाकाव्य रामायण की कथा में, हनुमान द्वारा किए गए सबसे उल्लेखनीय उपचार कार्यों में से एक वह है जब वे लक्ष्मण को पुनर्जीवित करने के लिए संजीवनी बूटी लेकर आते हैं, जो युद्ध में गंभीर रूप से घायल हो गए थे। यह कार्य न केवल उनकी प्रतिबद्धता और साहस का प्रदर्शन है, बल्कि आयुर्वेदिक चिकित्सा के उनके गहन ज्ञान को भी उजागर करता है। हालांकि, हनुमान की उपचार शक्तियाँ इस एकल कार्य से कहीं आगे जाती हैं। पूरे महाकाव्य में, उनकी

उपस्थिति स्वयं चिकित्सीय है, संकट में पड़े लोगों को आराम और साहस प्रदान करती है। उनके शब्द और कार्य लगातार परेशान मन को शांत करते हैं, कमजोर आत्माओं को संबल देते हैं, और उनके सहयोगियों में आशा और शक्ति भरते हैं।

यह बहुआयामी उपचार भूमिका हनुमान को एक प्रतीकात्मक उपचारकर्ता के रूप में स्थापित करती है, जो शारीरिक, मानसिक, और आध्यात्मिक उपचारों को एकीकृत करते हैं। उनका दृष्टिकोण समग्र है, यह पहचानते हुए कि सच्चे उपचार में अक्सर शरीर और आत्मा दोनों पर ध्यान देने की आवश्यकता होती है।

विश्वास और आध्यात्मिकता की उपचार शक्ति

हनुमान को एक उपचारकर्ता के रूप में चित्रित करना उपचार में विश्वास और आध्यात्मिकता की शक्तिशाली भूमिका को उजागर करता है। विश्वास, विशेष रूप से, एक शक्तिशाली चिकित्सीय उपकरण है; यह व्यक्तियों को दर्द और पीड़ा सहने के लिए आवश्यक मनोवैज्ञानिक शक्ति प्रदान करता है और यहां तक कि गंभीर परिस्थितियों में भी आशा बनाए रखता है। बहुतों के लिए, एक उच्च शक्ति में विश्वास या ब्रह्मांड के आध्यात्मिक नियमों में विश्वास एक ऐसा सांत्वना रूप प्रदान करता है जो भौतिक उपचार प्रदान नहीं कर सकते।

आध्यात्मिकता, जो व्यक्तियों को एक उच्च उद्देश्य और अस्तित्व की भावना से जोड़ती है, भावनात्मक और मनोवैज्ञानिक उपचार में भी महत्वपूर्ण भूमिका निभाती है। ध्यान, प्रार्थना, और आध्यात्मिक संचार जैसे अभ्यास तनाव, चिंता, और अवसाद को काफी हद तक कम कर सकते हैं, जिससे मानसिक स्वास्थ्य और भावनात्मक लचीलापन में सुधार होता है। इसके अलावा, ये प्रथाएँ अक्सर एक ऐसी जीवनशैली को प्रोत्साहित करती हैं जो शारीरिक स्वास्थ्य का समर्थन करती है, जिसमें आहार, शारीरिक गतिविधि, और सतर्कता से संबंधित आदतें शामिल हैं।

आधुनिक उपचार पद्धतियों में आध्यात्मिकता को शामिल करना

आधुनिक उपचार पद्धतियों में आध्यात्मिकता को शामिल करना पारंपरिक चिकित्सा उपचारों की प्रभावकारिता को काफी हद तक बढ़ा सकता है। इस

एकीकरण में रोगी को एक संपूर्ण प्राणी के रूप में मान्यता देना शामिल है, जिसे शारीरिक, भावनात्मक, और आध्यात्मिक स्तरों पर समर्थन की आवश्यकता है। अस्पताल और स्वास्थ्य सेवा प्रदाता इस समग्र दृष्टिकोण को तेजी से पहचान रहे हैं, जो व्यापक देखभाल के हिस्से के रूप में चैपलिन सेवाओं, ध्यान कार्यक्रमों, और आध्यात्मिक परामर्श को शामिल कर रहे हैं।

इसके अलावा, कई पारंपरिक चिकित्सा प्रणालियाँ, जैसे आयुर्वेद, जिसे हनुमान संजीवनी बूटी के माध्यम से अप्रत्यक्ष रूप से जोड़ते हैं, स्वाभाविक रूप से शारीरिक उपचारों को आध्यात्मिक प्रथाओं के साथ जोड़ती हैं। ये प्रणालियाँ इस बारे में मूल्यवान अंतर्दृष्टि प्रदान करती हैं कि आधुनिक चिकित्सा स्वास्थ्य और कल्याण के प्रति अधिक समग्र दृष्टिकोण को कैसे शामिल कर सकती है।

समाज में उपचारकर्ताओं की भूमिका

हनुमान का उदाहरण समाज में उपचारकर्ताओं की भूमिका को भी उजागर करता है। उपचारकर्ता, चाहे वे चिकित्सा पेशेवर हों, आध्यात्मिक नेता हों, या पारंपरिक चिकित्सा के चिकित्सक हों, न केवल बीमारियों का इलाज करने के लिए बल्कि समुदाय की भलाई बनाए रखने के लिए भी कार्य करते हैं। उन्हें अक्सर शारीरिक और आध्यात्मिक स्वास्थ्य के संरक्षक के रूप में देखा जाता है, जो व्यक्तियों को जीवन की चुनौतियों के माध्यम से मार्गदर्शन करते हैं और सामुदायिक सद्भाव बनाए रखने में सहायता करते हैं।

हनुमान द्वारा उदाहरण स्वरूप दिखाए गए गुण—दया, समर्पण, और दूसरों की सेवा करने की गहरी इच्छा—चिकित्सकों की प्रभावशीलता को काफी हद तक बढ़ा सकते हैं। ये गुण सुनिश्चित करते हैं कि चिकित्सा कौशल का अनुप्रयोग मात्र चिकित्सा तक सीमित न रहकर मानवता की गहन सेवा बन जाए।

व्यक्तिगत और सामुदायिक कल्याण

हनुमान द्वारा प्रदर्शित उपचार सिद्धांतों को अपनाना व्यक्तिगत और सामुदायिक कल्याण में योगदान कर सकता है। व्यक्तिगत स्तर पर, विश्वास और आध्यात्मिकता को अपने जीवन शैली में शामिल करना तनाव को प्रबंधित

करने, जीवन की संतुष्टि को बढ़ाने, और समग्र कल्याण को बढ़ावा देने में मदद कर सकता है। सामुदायिक स्तर पर, इन मूल्यों को बढ़ावा देना अधिक सहायक, सहानुभूतिपूर्ण, और सामंजस्यपूर्ण समाज का नेतृत्व कर सकता है। यह विशेष रूप से संकट या बीमारी के समय प्रासंगिक है, जहां आध्यात्मिक प्रथाओं और सहायक नेटवर्क का सामुदायिक साझा करना वसूली और लचीलापन में एक महत्वपूर्ण भूमिका निभा सकता है।

संक्षेप में, एक उपचारकर्ता के रूप में हनुमान विश्वास, आध्यात्मिकता, और स्वास्थ्य के बीच गहरे संबंध को मूर्त रूप देते हैं। उनका उदाहरण उपचार के प्रति एक अधिक एकीकृत दृष्टिकोण को प्रोत्साहित करता है—जो शरीर, मन, और आत्मा की परस्पर निर्भरता को पहचानता है। इन स्वास्थ्य आयामों को बढ़ावा देकर, व्यक्ति और समाज एक अधिक संतुलित और पूर्ण अस्तित्व प्राप्त कर सकते हैं, जो हनुमान के जीवन और कार्यों द्वारा व्यक्त किए गए समग्र स्वास्थ्य आदर्शों को दर्शाता है।

14

"हनुमान चालीसा" के सत्ताईसवें और अठाईसवें छंद

"हनुमान चालीसा" के सत्ताईसवें और अठाईसवें छंद हनुमान को न केवल एक आध्यात्मिक मार्गदर्शक और रक्षक के रूप में, बल्कि समृद्धि और आनंद के दाता के रूप में भी दर्शाते हैं। ये छंद इस विश्वास को समाहित करते हैं कि हनुमान अपने भक्तों के भौतिक और भावनात्मक कल्याण दोनों को प्रभावित करने की क्षमता रखते हैं। यह भूमिका आध्यात्मिकता के एक व्यापक और अक्सर अनदेखे पहलू को उजागर करती है—जीवन की गुणवत्ता को बेहतर बनाने की इसकी क्षमता, जो आध्यात्मिक स्वास्थ्य को भौतिक और भावनात्मक समृद्धि के साथ जोड़ती है।

आध्यात्मिकता और भौतिक समृद्धि

आध्यात्मिकता और भौतिक समृद्धि के बीच का संबंध इस विचार में निहित है कि आध्यात्मिक अभ्यास एक अधिक संतुलित और केंद्रित जीवन की ओर ले जा सकते हैं, जो बदले में भौतिक प्रयासों में सफलता की संभावना को बढ़ा सकते हैं। हनुमान, एक दिव्य सत्ता के रूप में, अपने अनुयायियों को आशीर्वाद देने के लिए जाने जाते हैं, जिससे भौतिक समृद्धि प्राप्त होती है। हालांकि, गहरा संदेश यह है कि उनकी आध्यात्मिक मार्गदर्शन उनके भक्तों को परिश्रम, धैर्य, और नैतिक व्यवहार जैसी गुणों को विकसित करने में मदद करती है, जो भौतिक सफलता के

लिए आवश्यक हैं।

कई पारंपरिक संस्कृतियों में, समृद्धि को अक्सर केवल धन के संदर्भ में नहीं बल्कि एक समग्र भलाई के रूप में देखा जाता है, जिसमें एक सामंजस्यपूर्ण पारिवारिक जीवन, करियर में सफलता, और वितीय स्थिरता शामिल हैं—ये सभी परिणाम एक मजबूत आध्यात्मिक आधार द्वारा समर्थित माने जाते हैं। हनुमान की भूमिका समृद्धि के दाता के रूप में इस विश्वास को उजागर करती है कि आध्यात्मिक स्वास्थ्य और भौतिक सफलता आपस में गहराई से जुड़े हुए हैं, यह सुझाव देते हुए कि आध्यात्मिक अभ्यास एक ऐसा वातावरण पैदा कर सकते हैं जहां भौतिक लक्ष्य अधिक आसानी से प्राप्त होते हैं।

आध्यात्मिक अभ्यासों से भावनात्मक समृद्धि

भौतिक धन से परे, हनुमान के आशीर्वाद को भावनात्मक समृद्धि के लिए भी महत्वपूर्ण माना जाता है। भावनात्मक समृद्धि से तात्पर्य उन भावनाओं से है जो संतुलित और सामंजस्यपूर्ण आंतरिक जीवन से उत्पन्न होती हैं, जैसे खुशी, संतोष, और पूर्णता। ध्यान, प्रार्थना, और "हनुमान चालीसा" जैसे भजनों का जाप जैसे आध्यात्मिक अभ्यास तनाव को प्रबंधित करने, चिंता को कम करने, और शांति और संतोष की गहरी भावना को बढ़ावा देने में मदद करते हैं।

ये अभ्यास व्यक्तियों को अपने जीवन पर विचार करने, अपनी प्राथमिकताओं का पुनर्मूल्यांकन करने, और उन चीजों पर ध्यान केंद्रित करने के लिए प्रोत्साहित करते हैं जो वास्तव में महत्वपूर्ण हैं, जिससे एक अधिक पूर्ण और आनंदमय अस्तित्व की ओर बढ़ा जा सकता है। नियमित आध्यात्मिक अभ्यास से प्राप्त शांति और स्पष्टता व्यक्तियों को दैनिक चुनौतियों को अधिक प्रभावी ढंग से संभालने, स्वस्थ संबंध बनाए रखने, और आभार और खुशी की स्थिति में जीने की अनुमति देती है, जो सभी भावनात्मक समृद्धि में योगदान करते हैं।

जीवन की गुणवत्ता में सुधार के लिए आध्यात्मिक अभ्यास

आध्यात्मिक अभ्यासों के माध्यम से जीवन की गुणवत्ता में सुधार को जीवन के विभिन्न आयामों में देखा जा सकता है। उदाहरण के लिए, जो लोग नियमित

रूप से आध्यात्मिक अभ्यासों में संलग्न होते हैं, वे अक्सर जीवन संतोष और व्यक्तिगत भलाई के उच्च स्तर की रिपोर्ट करते हैं। ये अभ्यास उनके जीवन को उद्देश्य और अर्थ की भावना से भर देते हैं, जो व्यक्तिगत खुशी और संतोष के लिए मौलिक हैं।

इसके अलावा, आध्यात्मिकता समुदाय और सहभागिता को बढ़ावा दे सकती है, जो भावनात्मक स्वास्थ्य के लिए महत्वपूर्ण हैं। आध्यात्मिक अभ्यासों के आसपास बनाए गए समुदाय सामाजिक समर्थन, साझा मूल्यों, और एकता की भावना प्रदान करते हैं, जो भावनात्मक भलाई के लिए महत्वपूर्ण हैं। इन समुदायों में हनुमान की भूमिका—शक्ति, निष्ठा, और सुरक्षा के प्रतीक के रूप में—इन बंधनों को मजबूत करती है और समूह की सामूहिक भलाई को बढ़ाती है।

आधुनिक जीवन में समृद्धि के लिए आध्यात्मिकता को शामिल करना

आधुनिक जीवन में समृद्धि को बढ़ाने के साधन के रूप में आध्यात्मिकता को शामिल करना दैनिक अनुभवों के आध्यात्मिक आयामों को पहचानने और पोषित करने में शामिल है। इसका अर्थ ध्यान, प्रार्थना, या अन्य आध्यात्मिक अभ्यासों के लिए समय निकालना हो सकता है; यह कार्य और व्यक्तिगत संबंधों को सेवा और नैतिक आचरण की भावना के साथ अपनाने का भी अर्थ हो सकता है, जैसा कि हनुमान के उदाहरण से प्रेरित है।

इसके अलावा, यह मान्यता कि समृद्धि प्राप्त करने में आध्यात्मिकता की भूमिका है, व्यक्तियों को भौतिक उपलब्धियों के माध्यम से ही नहीं, बल्कि व्यक्तिगत गुणों और सामुदायिक मूल्यों के विकास के माध्यम से समृद्धि की तलाश के लिए प्रोत्साहित करती है। समृद्धि के प्रति यह समग्र दृष्टिकोण स्वीकार करता है कि सच्चा धन केवल भौतिक प्रचुरता में नहीं बल्कि आध्यात्मिक गहराई और भावनात्मक संतुलन में भी शामिल है।

आध्यात्मिक समृद्धि का व्यापक प्रभाव

हनुमान के आशीर्वाद से परिलक्षित आध्यात्मिक समृद्धि की अवधारणा को अपनाने से न केवल व्यक्तिगत जीवन बल्कि पूरे समुदायों को भी बदलने की

क्षमता है। ईमानदारी, उदारता, और करुणा जैसे मूल्यों को बढ़ावा देकर, समाज ऐसे वातावरण बना सकते हैं जहां भौतिक और भावनात्मक समृद्धि दोनों को बढ़ावा मिलता है। यह उन समुदायों की ओर ले जाता है जहां व्यक्ति न केवल सफल होते हैं बल्कि एक-दूसरे के कल्याण और विकास का समर्थन भी करते हैं।

संक्षेप में, समृद्धि के दाता के रूप में हनुमान विभिन्न प्रकार की समृद्धि—भौतिक, भावनात्मक, और सामुदायिक—के बीच गहरे संबंध को उजागर करते हैं। उनका उदाहरण सच्ची समृद्धि की धारणा का पुनर्मूल्यांकन करने के लिए प्रोत्साहित करता है, एक संतुलित जीवन की वकालत करता है जो सफलता और कल्याण के मौलिक घटक के रूप में आध्यात्मिक विकास को महत्व देता है। इस दृष्टिकोण के माध्यम से, हनुमान प्रेरित करना जारी रखते हैं और एक ऐसे मार्ग की ओर संकेत करते हैं जो न केवल व्यक्तिगत उपलब्धियों की तलाश करता है बल्कि जीवन के सभी पहलुओं की समग्र समृद्धि को भी प्राप्त करता है।

15

"हनुमान चालीसा" के उनतीसवें और तीसवें छंद

"हनुमान चालीसा" के उनतीसवें और तीसवें छंद हनुमान को विपत्तियों से बचाने वाले के रूप में चित्रित करते हैं, एक दिव्य रक्षक जो अपने अनुयायियों को कठिन परिस्थितियों से बचाते हैं। यह चित्रण न केवल एक संरक्षक के रूप में उनकी भूमिका को रेखांकित करता है, बल्कि उन गहरे आध्यात्मिक और मनोवैज्ञानिक तंत्रों को भी उजागर करता है जो व्यक्तियों को प्रतिकूलताओं का सामना करने और उन्हें पार करने में सक्षम बनाते हैं। हनुमान की दिव्य सुरक्षा के माध्यम से, भक्त प्रेरित होते हैं लचीलापन विकसित करने, आंतरिक शक्ति खोजने, और एक ऐसा दृष्टिकोण अपनाने के लिए जो चुनौतियों को विकास और सीखने के अवसर के रूप में देखता है।

हनुमान की प्रतिकूलताओं को दूर करने में भूमिका

हनुमान को न केवल उनकी शारीरिक शक्ति और बहादुरी के लिए पूजा जाता है, बल्कि संकट में फंसे लोगों की रक्षा करने की उनकी क्षमता के लिए भी पूजा जाता है। उनके हस्तक्षेप अक्सर संकट के क्षणों में महत्वपूर्ण होते हैं, जहां उनके कार्य घटनाओं की दिशा को बेहतर के लिए सीधे बदल देते हैं। हालांकि, हनुमान द्वारा प्रदान की गई सुरक्षा शारीरिक हस्तक्षेपों से परे है; यह उनके

भक्तों में पैदा की गई आध्यात्मिक शक्ति और साहस को भी समाहित करती है। यह दोहरा दृष्टिकोण—प्रत्यक्ष हस्तक्षेप और सशक्तिकरण—प्रतिकूलताओं से निपटने के लिए एक व्यापक रणनीति को दर्शाता है, जो बाहरी समर्थन को आंतरिक लचीलापन के साथ जोड़ता है।

आध्यात्मिक सुरक्षा एक सामना करने की विधि के रूप में

आध्यात्मिक सुरक्षा की अवधारणा किसी के जीवन में एक उच्च शक्ति की हस्तक्षेप करने की क्षमता में विश्वास से कहीं अधिक शामिल है; इसमें यह विश्वास भी शामिल है कि यह शक्ति परीक्षणों और कष्टों के माध्यम से एक व्यक्ति को मार्गदर्शन और समर्थन कर सकती है। बहुतों के लिए, हनुमान की सुरक्षा एक सांत्वना और ताकत का स्रोत है जो उन्हें जीवन की अनिश्चितताओं को नेविगेट करने में मदद करती है। उनकी सुरक्षा में विश्वास निराशा और निराशा के खिलाफ एक मनोवैज्ञानिक बफर प्रदान करता है, जो जीवन की चुनौतियों के प्रति एक अधिक आशावादी और सक्रिय दृष्टिकोण को प्रोत्साहित करता है।

व्यावहारिक रूप से, यह आध्यात्मिक समर्थन लचीलापन में वृद्धि के रूप में प्रकट हो सकता है—कठिनाइयों से जल्दी उबरने की क्षमता। यह दबाव में शांत और संयमित रहने की एक व्यक्ति की क्षमता को भी बढ़ा सकता है, जो चुनौतियों का सामना करते समय महत्वपूर्ण विशेषताएँ हैं। इसलिए, हनुमान की सुरक्षा का आह्वान केवल दिव्य हस्तक्षेप के लिए एक याचिका नहीं है, बल्कि मनोवैज्ञानिक और भावनात्मक सुदृढ़ीकरण के लिए एक रणनीति भी है।

हनुमान से प्रेरित लचीलापन विकसित करना

हनुमान के उदाहरण से प्रेरणा लेकर, व्यक्ति कई प्रमुख दृष्टिकोणों और व्यवहारों को अपनाकर अपना लचीलापन विकसित कर सकते हैं। सबसे पहले, एक सकारात्मक दृष्टिकोण बनाए रखना आवश्यक है। जिन बाधाओं का उन्होंने सामना किया, उनके बावजूद हनुमान का अपने लक्ष्यों पर अडिग ध्यान एक सकारात्मक मानसिकता की शक्ति को प्रदर्शित करता है। प्रतिकूलता के सामने इस तरह के आशावाद को बनाए रखना किसी की चुनौतियों का सामना करने और उन्हें पार करने की क्षमता को महत्वपूर्ण रूप से प्रभावित कर सकता है।

दूसरा, लचीलापन और अनुकूलनशीलता को अपनाना—गुण जो हनुमान ने स्थिति के अनुसार अपना रूप और रणनीति बदलकर प्रदर्शित किए—महत्वपूर्ण है। आधुनिक जीवन में, बदलती परिस्थितियों का सामना करने में अनुकूल होने से तनाव को प्रबंधित करने और अप्रत्याशित घटनाओं के प्रतिकूल प्रभाव को कम करने में मदद मिल सकती है।

तीसरा, कर्तव्य की एक मजबूत भावना और दूसरों के प्रति प्रतिबद्धता को पोषित करना, जैसा कि राम के प्रति हनुमान की भक्ति और जरूरतमंदों की मदद करने की उनकी तत्परता से दिखाया गया है, व्यक्तिगत और सामूहिक चुनौतियों को दूर करने के लिए एक स्पष्ट उद्देश्य और प्रेरणा प्रदान करता है।

आंतरिक शक्ति का विकास

लचीलापन के अलावा, प्रतिकूलताओं से निपटने के लिए आंतरिक शक्ति का विकास आवश्यक है। यह शक्ति आत्म-जागरूकता, आध्यात्मिक प्रथाओं, और साहस, धैर्य, और दृढ़ता जैसे व्यक्तिगत गुणों के विकास के संयोजन से प्राप्त होती है। ध्यान, प्रार्थना, या जाप जैसे नियमित आध्यात्मिक अभ्यासों में संलग्न होना इस आंतरिक शक्ति का निर्माण करने में मदद कर सकता है, एक ठोस नींव बनाकर जो कठिन समय में व्यक्तियों को बनाए रखती है।

इसके अलावा, हनुमान की शिक्षाएँ समाधान और शक्ति के लिए भीतर देखने के लिए प्रोत्साहित करती हैं। अपने आंतरिक आत्म से एक गहरे संबंध विकसित करके और अपने मुख्य मूल्यों और नैतिकता के साथ संरेखित करके, व्यक्ति बाहरी चुनौतियों का सामना करने के लिए बेहतर रूप से सुसज्जित होते हैं। यह आंतरिक संरेखण यह सुनिश्चित करता है कि कार्य और निर्णय बुद्धि और अखंडता द्वारा निर्देशित हों, प्रभावी प्रतिकूलता प्रबंधन के मुख्य घटक।

दैनिक जीवन में हनुमान के संरक्षण से सबक को शामिल करना

हनुमान की भूमिका से विपत्तियों से बचाने वाले के रूप में सबक को शामिल करना बाहरी समर्थन—जैसे समुदाय और संबंधों—और आंतरिक संसाधनों—जैसे विश्वास, लचीलापन, और आंतरिक शक्ति—की आवश्यकता को पहचानने में

शामिल है। इसमें संकट आने से पहले इन संसाधनों को सक्रिय रूप से विकसित करना भी शामिल है, व्यक्तियों को प्रतिकूलताओं को अधिक प्रभावी ढंग से संभालने के लिए तैयार करना।

इसके अलावा, हनुमान का उदाहरण जीवन की चुनौतियों के प्रति एक सक्रिय दृष्टिकोण को प्रोत्साहित करता है। परिस्थितियों के निष्क्रिय शिकार बनने के बजाय, व्यक्ति अपनी स्थितियों को बदलने के लिए सक्रिय कदम उठाने के लिए प्रेरित होते हैं, सकारात्मक परिवर्तन लाने के लिए आध्यात्मिक मार्गदर्शन और व्यक्तिगत क्षमताओं दोनों पर निर्भर करते हैं।

संक्षेप में, प्रतिकूलताओं से बचाने वाले के रूप में हनुमान यह उदाहरण प्रस्तुत करते हैं कि कैसे आध्यात्मिक विश्वास को व्यावहारिक लचीलापन रणनीतियों के साथ जोड़ने से जीवन की चुनौतियों का सामना करने और उन्हें पार करने की किसी की क्षमता पर गहरा प्रभाव पड़ सकता है। उनका संरक्षण न केवल दिव्य हस्तक्षेप पर निष्क्रिय निर्भरता को प्रेरित करता है बल्कि व्यक्तिगत और सामुदायिक ताकतों को विकसित करने में सक्रिय भागीदारी को भी प्रेरित करता है जो प्रतिकूलताओं को दूर करने के लिए आवश्यक हैं। इस समग्र दृष्टिकोण के माध्यम से, व्यक्तियों को अपने परीक्षणों को विकास के अवसरों में बदलने के लिए सशक्त बनाया जाता है, जो हनुमान की स्थायी विरासत द्वारा व्यक्त की गई बुद्धि और ताकत से निर्देशित होते हैं।

16

"हनुमान चालीसा" के इकतीसवें और बत्तीसवें छंद

"हनुमान चालीसा" के इकतीसवें और बत्तीसवें छंद हनुमान को साहस और साहसिकता के प्रतीक के रूप में चित्रित करते हैं, उनकी निडर गतिविधियों और साहस को उजागर करते हुए जिनके साथ उन्होंने कई चुनौतियों का सामना किया। यह चित्रण न केवल उनकी प्रसिद्ध वीरता की पुष्टि के रूप में कार्य करता है बल्कि उन व्यक्तियों के लिए प्रेरणा का स्रोत भी है जो अपने दैनिक जीवन में साहस को शामिल करना चाहते हैं। हनुमान के साहसिक कार्य, जो साहसी कार्यों और एक अग्रणी भावना द्वारा चिह्नित हैं, साहस, जोखिम लेने और नेतृत्व के गुणों पर मूल्यवान पाठ प्रदान करते हैं।

हनुमान का प्रतीकात्मक साहस

हनुमान का साहस सबसे स्पष्ट रूप से उनके समुद्र को लांघकर लंका तक पहुंचने के साहसी कार्य में प्रदर्शित होता है, जो कर्तव्य और निष्ठा के लिए जोखिम उठाने की उनकी तत्परता का प्रतीक है। यह कार्य, साथ ही उनके कई अन्य प्रयास, जैसे रावण के दरबार में उनका सामना और अपने सहयोगियों को बचाने के उनके प्रयास, एक गहन स्तर की बहादुरी को दर्शाते हैं जो केवल शारीरिक कार्यों से परे है। यह गहन, नैतिक साहस की बात करता है—सही के लिए खड़े होने का साहस,

यहां तक कि भारी बाधाओं के सामने भी।

इस प्रकार का साहस न केवल महाकाव्य कथाओं में बल्कि आधुनिक जीवन में भी महत्वपूर्ण है, जहां नैतिक और नैतिक चुनौतियाँ अक्सर सामने आती हैं। हनुमान का उदाहरण सिखाता है कि साहस भय की अनुपस्थिति नहीं है, बल्कि इसके बावजूद कार्य करने का दृढ़ संकल्प है। इसमें कठिन निर्णय लेना, अक्सर दबाव में, और कभी-कभी ऐसी परिस्थितियों में शामिल होता है जहां परिणाम अनिश्चित होते हैं।

दैनिक जीवन में साहस

दैनिक जीवन में साहस को शामिल करना विभिन्न रूपों में प्रकट हो सकता है, जैसे कार्यस्थल पर या व्यक्तिगत विकास में नई चुनौतियों का सामना करना, दूसरों के अधिकारों के लिए खड़े होना, या अन्याय के खिलाफ बोलना। हनुमान का साहस व्यक्तियों को उनके भय का सामना करने के लिए प्रेरित करता है, चाहे वे करियर में बदलाव, व्यक्तिगत लक्ष्य, या अंतर-व्यक्तिगत संघर्ष से संबंधित हों।

हनुमान की यात्राओं में देखी गई साहसिक भावना एक अन्वेषण और सीखने के लिए खुले दिमाग को भी प्रोत्साहित करती है। यह सुझाव देता है कि जीवन को साहसिक कार्यों की एक श्रृंखला के रूप में संपर्क करना चाहिए जहां जोखिम विकास के अवसर हैं। इस साहसिक भावना को अपनाने से नई संभावनाओं की खोज, नए कौशल सीखने, और ताजा अंतर्दृष्टि प्राप्त करने का मार्ग खुलता है—जो सभी जीवन को और अधिक समृद्ध और संतोषजनक बनाते हैं।

हनुमान के साहसिक कार्यों के साथ समानता खींचना

हनुमान के साहसिक कार्यों और दैनिक जीवन की चुनौतियों के बीच समानताएँ उनके साहस की समकालीन संदर्भों में प्रासंगिकता को उजागर करती हैं। जिस तरह हनुमान ने अज्ञात क्षेत्रों को नेविगेट किया और डराने वाले दुश्मनों का सामना किया, उसी तरह आज के व्यक्ति अपने व्यक्तिगत और व्यावसायिक जीवन में अपरिचित क्षेत्रों का सामना करते हैं, जिसके लिए उन्हें अपने आराम क्षेत्र से परे उद्यम करने की आवश्यकता होती है।

हनुमान के साहसिक कार्यों से प्रेरणा लेना यह पहचानना है कि सामना की गई प्रत्येक चुनौती साहस दिखाने का एक अवसर है। यह उतना ही सरल हो सकता है जितना कि किसी परियोजना पर पहल करना, एक अलोकप्रिय लेकिन लाभदायक विचार की वकालत करना, या समाज के दबावों के बावजूद अपने मूल्यों के साथ अधिक निकटता से जीवन परिवर्तन करना।

नेतृत्व और साहस

साहस प्रभावी नेतृत्व के लिए भी एक आवश्यक गुण है। जो नेता हनुमान की तरह साहस का प्रतीक हैं, वे अपने अनुयायियों से आत्मविश्वास और सम्मान प्रेरित करते हैं। वे कठिन निर्णय लेने, संकटों के माध्यम से दूसरों का मार्गदर्शन करने, और परिवर्तनकारी समाधान की कल्पना करने के लिए तैयार हैं। लंका में युद्ध के दौरान हनुमान का नेतृत्व, जहां उन्होंने वानर सेना को संगठित किया और उनके कार्यों की रणनीति बनाई, सामूहिक लक्ष्यों को प्राप्त करने में साहसी नेतृत्व के महत्व को रेखांकित करता है।

नेता इस गुण को नैतिक निर्णय लेने का अभ्यास करके, पारदर्शिता को बढ़ावा देकर, और अपनी टीम के कल्याण की वकालत करके विकसित कर सकते हैं, भले ही इन कार्यों को प्रतिरोध या आलोचना का सामना करना पड़े। इस प्रकार का साहसी नेतृत्व न केवल परिणाम प्राप्त करता है बल्कि अखंडता और सम्मान की विरासत भी बनाता है।

आध्यात्मिक अभ्यासों के माध्यम से साहस का पोषण

अंत में, हनुमान का जीवन सुझाव देता है कि आध्यात्मिक अभ्यास किसी के आंतरिक साहस को मजबूत कर सकते हैं। ध्यान, प्रार्थना, या जाप जैसे अभ्यासों में नियमित रूप से संलग्न होना आत्मा को सुदृढ़ कर सकता है और व्यक्तियों को जीवन के परीक्षणों का सामना शांत और केंद्रित मन से करने के लिए तैयार कर सकता है। ये प्रथाएँ व्यक्तिगत कार्यों को उच्च सिद्धांतों के साथ संरेखित करने में मदद करती हैं और विभिन्न परिस्थितियों में साहसपूर्वक कार्य करने के लिए आवश्यक नैतिक दृढ़ता प्रदान करती हैं।

संक्षेप में, "हनुमान चालीसा" में साहस के देवता के रूप में हनुमान का चित्रण किसी के जीवन में साहस के परिवर्तनकारी प्रभाव की एक शक्तिशाली याद दिलाता है। उनके साहसी कारनामे और कर्तव्य के प्रति अटूट प्रतिबद्धता साहस के साथ जीने के लिए एक खाका प्रदान करते हैं, व्यक्तियों को उनकी सीमाओं से ऊपर उठने और जीवन की चुनौतियों को एक बहादुर दिल के साथ गले लगाने के लिए प्रेरित करते हैं। उनके उदाहरण के माध्यम से, हनुमान व्यक्तिगत विकास और सामुदायिक जुड़ाव दोनों के लिए एक निडर दृष्टिकोण को प्रेरित करना जारी रखते हैं, यह रेखांकित करते हुए कि सच्चा साहस अक्सर जीवन में गहरा बदलाव और समृद्धि लाता है।

17

"हनुमान चालीसा" के तैंतीसवें और चौंतीसवें छंद

"हनुमान चालीसा" के तैंतीसवें और चौंतीसवें छंद हनुमान को कष्टों का नाशक के रूप में चित्रित करते हैं, यह रेखांकित करते हुए कि वे अपने भक्तों के जीवन से कठिनाइयों को दूर करने और उनके संकटों को कम करने की क्षमता रखते हैं। हनुमान की यह भूमिका न केवल उन्हें एक योद्धा और रक्षक के रूप में प्रस्तुत करती है, बल्कि एक करुणामय देवता के रूप में भी, जो अपने अनुयायियों के जीवन से दर्द और पीड़ा को दूर करने के लिए सक्रिय रूप से कार्य करते हैं। इस संदर्भ में हनुमान की भूमिका आध्यात्मिक विकास और दिव्य सहायता जैसे विषयों से गहराई से जुड़ी हुई है, जो जीवन के विभिन्न प्रकार के कष्टों को दूर करने के लिए महत्वपूर्ण माने जाते हैं।

हनुमान के करुणामय हस्तक्षेप अनेक और विविध हैं, जिनमें लक्ष्मण को पुनर्जीवित करने के लिए संजीवनी बूटी लाने जैसे शारीरिक उपचार शामिल हैं, और साथ ही अधिक सूक्ष्म प्रकार के समर्थन, जैसे निराश व्यक्तियों को साहस और ताकत प्रदान करना। दूसरों के कष्टों को महसूस करने और उनका जवाब देने की उनकी क्षमता उनकी गहरी सहानुभूति और असीम करुणा का प्रमाण है। यह उनकी करुणामय प्रकृति ही है जो उन्हें केवल उनकी शक्ति और वीरता के लिए ही नहीं, बल्कि सभी प्राणियों की भलाई के प्रति उनके गहन समर्पण के लिए भी

पूजनीय बनाती है।

आध्यात्मिक संदर्भ में, हनुमान की कष्ट नाशक भूमिका मानव जीवन में दिव्य शक्तियों की हस्तक्षेप करने और जीवन के कष्टों को कम करने की हिंदू विश्वास प्रणाली को दर्शाती है। यह विश्वास कई लोगों के लिए अत्यधिक सांत्वना और आशा का स्रोत है, जिससे उन्हें कठिन समय सहने की शक्ति मिलती है, यह विश्वास करते हुए कि दिव्य सहायता हमेशा उनके साथ है।

आध्यात्मिक विकास और कष्टों को दूर करना

हनुमान द्वारा कष्टों को नष्ट करने के प्राथमिक तरीकों में से एक उनके भक्तों के बीच आध्यात्मिक विकास को बढ़ावा देना है। आध्यात्मिक विकास में स्वयं की और ब्रह्मांड में अपने स्थान की गहरी समझ का विकास शामिल है, एक ऐसी प्रक्रिया जो अक्सर अधिक आंतरिक शांति और व्यक्तिगत कष्टों में कमी की ओर ले जाती है। ध्यान, प्रार्थना और मंत्र जाप जैसे आध्यात्मिक विकास से जुड़े अभ्यास व्यक्तियों को एक सतर्क और शांत स्थिति को विकसित करने में मदद करते हैं, जो मानसिक और भावनात्मक पीड़ा को कम कर सकते हैं।

इसके अलावा, आध्यात्मिक विकास धैर्य, विनम्रता और लचीलापन जैसे गुणों के विकास को प्रोत्साहित करता है, जो जीवन की चुनौतियों का सामना करने के लिए महत्वपूर्ण हैं। ये गुण किसी व्यक्ति के कष्टों के प्रति दृष्टिकोण को बदल सकते हैं, अक्सर उनके दर्द और कठिनाई की धारणा और प्रतिक्रिया को बदल सकते हैं। एक आध्यात्मिक दृष्टिकोण को अपनाने से, हनुमान अपने अनुयायियों को उनके संघर्षों को विकास और प्रबोधन के अवसरों के रूप में देखने का मार्गदर्शन करते हैं, इस प्रकार उनके जीवन पर कष्टों के प्रभाव को कम करते हैं।

दिव्य सहायता के माध्यम से कष्टों को कम करना

कष्टों को कम करने में दिव्य सहायता की अवधारणा हनुमान की भूमिका के केंद्र में है। भक्त अक्सर हनुमान की ओर पीड़ा और प्रतिकूलता से राहत पाने के लिए मुड़ते हैं, यह विश्वास करते हुए कि उनकी शक्ति दिव्य हस्तक्षेप के माध्यम से उनकी परिस्थितियों को बदल सकती है। इस प्रकार की दिव्य सहायता में विश्वास

केवल एक मनोवैज्ञानिक सांत्वना के रूप में काम नहीं करता है; यह व्यक्तियों के जीवन में वास्तविक परिवर्तन ला सकता है, उन्हें आवश्यक कार्य करने का साहस प्रदान करके या उन समाधान के रास्ते खोलकर जिन्हें पहले नजरअंदाज कर दिया गया था।

हनुमान के हस्तक्षेपों द्वारा प्रदर्शित दिव्य सहायता यह भी रेखांकित करती है कि दिव्य और सांसारिक दोनों आपस में जुड़े हुए हैं। यह सुझाव देता है कि आध्यात्मिक और लौकिक पृथक नहीं हैं बल्कि अस्तित्व के परस्पर जुड़े हुए पहलू हैं, जहां एक में परिवर्तन दूसरे को प्रभावित कर सकता है। इस प्रकार, कष्टों के लिए आध्यात्मिक समाधान, जैसे हनुमान जैसे दिव्य प्राणियों द्वारा सुगम बनाए गए, केवल चमत्कारों की उम्मीद करने के बारे में नहीं हैं, बल्कि एक गहरी वास्तविकता में दोहन करने के बारे में हैं जहां आध्यात्मिक शक्तियाँ सक्रिय रूप से भौतिक संसार को प्रभावित करती हैं।

हनुमान के जीवन से सबक को शामिल करना

हनुमान के जीवन से सबक को व्यक्तिगत कष्टों से निपटने में शामिल करना विश्वास की शक्ति, आध्यात्मिक अभ्यासों के महत्व और दिव्य मार्गदर्शन के मूल्य को पहचानने में शामिल है। व्यक्ति हनुमान के उदाहरण का अनुकरण करके अपने आध्यात्मिक जीवन को विकसित करने का प्रयास कर सकते हैं, जो बदले में उन्हें कष्टों का मुकाबला करने के लिए संसाधन प्रदान कर सकता है। इसमें नियमित आध्यात्मिक अनुशासन, सामुदायिक धार्मिक सेवाओं में भाग लेना, या दान और करुणा के कार्यों में संलग्न होना शामिल हो सकता है, जो सभी किसी के दर्द और प्रतिकूलता से निपटने की क्षमता को बढ़ा सकते हैं।

इसके अतिरिक्त, दिव्य सहायता की भूमिका को समझना और स्वीकार करना व्यक्तियों को कष्ट के सामने आशावादी और सक्रिय बने रहने के लिए प्रोत्साहित कर सकता है। यह सिखाता है कि जबकि दिव्य सहायता एक शक्तिशाली सहायता है, यह अक्सर किसी के अपने कष्टों को कम करने के लिए व्यावहारिक कदम उठाने की आवश्यकता होती है। यह संतुलित दृष्टिकोण—दिव्य निर्भरता और व्यक्तिगत प्रयास के बीच—जीवन की चुनौतियों और कष्टों को प्रभावी ढंग से दूर करने की कुंजी है।

संक्षेप में, कष्टों के नाशक के रूप में हनुमान आध्यात्मिक विकास और दिव्य सहायता के माध्यम से कष्टों को दूर करने की संभावनाओं पर एक गहन कथा प्रदान करते हैं। उनके जीवन और कार्य यह दिखाते हैं कि व्यक्ति अपने जीवन में कष्टों के प्रभाव को कैसे संबोधित और कम कर सकते हैं, यह उजागर करते हुए कि आध्यात्मिक विकास और करुणामय जीवन जीने की परिवर्तनकारी क्षमता कितनी गहन हो सकती है।

18

"हनुमान चालीसा" के पैंतीसवें और छत्तीसवें छंद

"हनुमान चालीसा" के पैंतीसवें और छत्तीसवें छंद हनुमान को शाश्वत भक्त के रूप में महिमा प्रदान करते हैं, जिनकी भगवान राम के प्रति अटूट भक्ति समय की सीमाओं से परे है और अनगिनत पीढ़ियों को प्रेरित करती रहती है। यह चित्रण सच्ची भक्ति की स्थायी और शाश्वत प्रकृति को रेखांकित करता है, यह दर्शाता है कि यह न केवल भक्त की आध्यात्मिक यात्रा पर गहरा प्रभाव डालती है बल्कि आध्यात्मिक विकास और दिव्य सहायता के माध्यम से जीवन की प्रतिकूलताओं को दूर करने की उनकी क्षमता पर भी प्रभाव डालती है।

हनुमान की राम के प्रति भक्ति प्रसिद्ध है और उनके व्यक्तित्व का आधार है। यह निष्ठा और प्रेम की गहराई से परिभाषित है जो केवल कर्तव्य से परे है; यह दूसरे की सेवा में आत्मा का पूर्ण समर्पण है। इस प्रकार की भक्ति न केवल भक्त के लिए बल्कि इसे देखने वालों के लिए भी रूपांतरणकारी है। हनुमान की भक्ति केवल रामायण के ऐतिहासिक या पौराणिक संदर्भ तक सीमित नहीं है; यह समय के साथ गूंजती है, बिना शर्त भक्ति की शक्ति और सुंदरता पर सबक प्रदान करती है।

आधुनिक आध्यात्मिकता के संदर्भ में, हनुमान की शाश्वत भक्ति की क्रिया इस

तेजी से बदलती दुनिया में स्थायी आध्यात्मिक प्रतिबद्धताओं की प्रासंगिकता को उजागर करती है। एक युग में जहां क्षणिक रुचियां और क्षणिक जुड़ाव सामान्य हैं, आजीवन या शाश्वत भक्ति की अवधारणा स्थिरता, गहराई और अध्यवसाय को रेखांकित करती है। भक्ति का यह रूप व्यक्तियों को सतही से परे देखने और अपनी आध्यात्मिक मान्यताओं और प्रथाओं के साथ अधिक गहराई से जुड़ने की चुनौती देता है।

हनुमान की भक्ति उनकी स्वयं और दूसरों के कष्टों को कम करने में उनकी भूमिका से भी घनिष्ठ रूप से जुड़ी हुई है। उनकी भक्ति उन्हें सीता की खोज से लेकर लंका में युद्ध तक कई चुनौतियों का सामना करने और उन्हें दूर करने की ताकत प्रदान करती है। यह राम के प्रति उनकी प्रतिबद्धता है जो उन्हें असाधारण क्षमताओं और लचीलेपन के साथ प्रेरित करती है, जिससे उन्हें वे कार्य करने की अनुमति मिलती है जो अन्यथा असंभव होंगे।

आधुनिक भक्तों के लिए, हनुमान का उदाहरण यह दर्शाता है कि कैसे आध्यात्मिक प्रतिबद्धता संकट के समय शक्ति का स्रोत हो सकती है। भक्ति निराशा के खिलाफ आत्मा को मजबूत कर सकती है और कठिन समय में उद्देश्य और दिशा की भावना प्रदान कर सकती है। यह विशेष रूप से प्रासंगिक है जब बाहरी परिस्थितियां अक्सर अप्रत्याशित और चुनौतीपूर्ण हो सकती हैं। भक्ति द्वारा प्रदान किया गया आंतरिक आधार व्यक्तियों को इन चुनौतियों को अधिक संतुलन और लचीलापन के साथ नेविगेट करने में मदद कर सकता है।

भक्ति के शाश्वत तत्व को आधुनिक आध्यात्मिक प्रथाओं में एकीकृत करना कई प्रमुख तत्वों को शामिल करता है। सबसे पहले, यह विचलित करने वाले युग में दीर्घकालिक प्रतिबद्धता के मूल्य को पहचानने की आवश्यकता है। इसका मतलब हो सकता है कि ध्यान, प्रार्थना, या पूजा के अन्य रूपों जैसे नियमित आध्यात्मिक अभ्यासों को समर्पित करना, समकालीन जीवन के दबावों और विकर्षणों के बावजूद।

दूसरा, इसमें भक्ति की वस्तु—चाहे वह एक देवता हो, एक आध्यात्मिक सिद्धांत हो, या मूल्यों का एक समूह हो—की समझ को गहरा करना शामिल है। यह गहरी समझ सतही विश्वासों को गहन आध्यात्मिक प्रतिबद्धताओं में बदलने में मदद

कर सकती है, भक्त की आध्यात्मिक वृद्धि और व्यक्तिगत पूर्ति को बढ़ा सकती है।

भक्ति को कर्मों के माध्यम से भी व्यक्त किया जाना चाहिए। जिस प्रकार हनुमान की भक्ति उनके कार्यों के माध्यम से प्रदर्शित हुई थी, आधुनिक भक्तों को भी अपनी आध्यात्मिक प्रतिबद्धताओं को दयालुता, सेवा, और नैतिक जीवन के कार्यों के माध्यम से जीने के लिए बुलाया जाता है। ये क्रियाएँ भक्त के आध्यात्मिक मूल्यों को मजबूत करती हैं और उनके समुदाय और समाज पर एक मूर्त प्रभाव डालती हैं।

समुदाय और समाज पर भक्ति का प्रभाव व्यक्ति से परे व्यापक समुदाय और समाज को प्रभावित करने के लिए फैलता है। भक्ति निःस्वार्थता, करुणा और परोपकार जैसे गुणों को बढ़ावा देती है, जो सामंजस्यपूर्ण और देखभाल करने वाले समुदायों के निर्माण के लिए आवश्यक हैं।

संक्षेप में, "हनुमान चालीसा" में शाश्वत भक्त के रूप में हनुमान का चित्रण न केवल आध्यात्मिक यात्रा में भक्ति के महत्व को रेखांकित करता है बल्कि प्रतिकूलता को दूर करने और व्यक्तिगत और सामुदायिक कल्याण को बढ़ावा देने में इसकी परिवर्तनकारी क्षमता को भी दर्शाता है।

19

"हनुमान चालीसा" के सैंतीसवें और अड़तीसवें छंद

"हनुमान चालीसा" के सैंतीसवें और अड़तीसवें छंद हनुमान को आशा और प्रेरणा के प्रतीक के रूप में प्रस्तुत करते हैं। सदियों से, हनुमान को केवल असीम शक्ति वाले देवता के रूप में नहीं, बल्कि लाखों लोगों के लिए आशा के प्रकाशस्तंभ के रूप में पूजा जाता रहा है। उनकी कहानी और उनके कार्य लोगों को चुनौतियों का सामना करने के लिए गहन प्रेरणा और प्रोत्साहन प्रदान करते हैं, यह विश्वास जगाते हैं कि विश्वास, शक्ति और दृढ़ संकल्प के साथ किसी भी बाधा को पार किया जा सकता है।

रामायण में हनुमान के कार्य और भगवान राम के प्रति उनकी अटूट भक्ति और सेवा साहस, निष्ठा और निःस्वार्थता के गुणों का प्रतीक हैं। ये गुण विशेष रूप से कठिन समय में उन्हें आशा का शक्तिशाली प्रतीक बनाते हैं। चाहे वह लंका तक समुद्र के पार उनकी साहसी छलांग हो या सीता को राम से फिर से मिलाने के उनके प्रयास, हनुमान के साहसिक कार्य चुनौतियों से भरे हुए हैं, जिन्हें वे अपनी शक्ति और चतुराई से पार कर लेते हैं, जिससे लचीलापन और आशावाद की प्रेरणा मिलती है।

हनुमान का यह चित्रण पौराणिक कथाओं की सीमाओं से परे है और व्यक्तिगत

और सामूहिक चेतना के क्षेत्र में प्रवेश करता है, प्रेरणा का स्रोत बनता है। कई लोगों के लिए, हनुमान केवल एक प्राचीन महाकाव्य के पात्र नहीं हैं, बल्कि एक जीवंत उपस्थिति हैं जो उनके दैनिक जीवन को प्रभावित करते हैं, उन्हें सांत्वना और प्रोत्साहन प्रदान करते हैं। उनकी कहानी सिखाती है कि कोई भी चुनौती बहुत बड़ी नहीं है जब उसे सद्गुण और दृढ़ संकल्प के साथ सामना किया जाए।

प्रतीक, जैसे हनुमान, मानव संस्कृति और मनोविज्ञान में एक महत्वपूर्ण भूमिका निभाते हैं। वे जटिल विचारों और भावनाओं को समेटे हुए हैं और इन्हें ऐसी रूप में संप्रेषित करते हैं जिसे आसानी से समझा और महसूस किया जा सकता है। आशा के प्रतीक के रूप में, हनुमान प्रतिकूलताओं का साहसपूर्वक सामना करने और सबसे कठिन परिस्थितियों में भी अपने कर्तव्यों और प्रतिबद्धताओं पर दृढ़ रहने की मानव क्षमता का प्रतिनिधित्व करते हैं।

हनुमान जैसे प्रतीक समुदायों के लिए एक साझा पहचान और प्रेरणा का सामूहिक स्रोत भी प्रदान करते हैं। सामूहिक कठिनाई के समय, ऐसे प्रतीक लोगों को एकजुट कर सकते हैं, उन्हें मिलकर साझा लक्ष्यों की दिशा में काम करने की ताकत दे सकते हैं। वे व्यक्तियों को उनके साझा मूल्यों और आकांक्षाओं की याद दिलाते हैं, उन्हें ऐसे कार्यों के लिए प्रेरित करते हैं जो व्यापक भलाई को बढ़ावा देते हैं।

हनुमान की प्रेरणादायक शक्ति व्यक्तियों को न केवल अपने व्यक्तिगत संघर्षों के माध्यम से दृढ़ रहने के लिए प्रोत्साहित करती है, बल्कि दूसरों की भलाई के लिए भी प्रयास करने के लिए प्रेरित करती है। उनका जीवन इस बात का प्रमाण है कि जब कर्तव्य और करुणा की भावना से कार्य किया जाता है तो व्यक्ति कितना बड़ा प्रभाव डाल सकता है।

हनुमान के प्रतीकात्मक गुणों को दैनिक जीवन में शामिल करना साहस, निष्ठा और सेवा जैसे गुणों को अपनाने में शामिल है। यह व्यक्तियों को ईमानदारी के साथ कार्य करने और चुनौतियों का साहस और आशावाद के साथ सामना करने की आवश्यकता है।

अंत में, हनुमान की भूमिका आशा और प्रेरणा के प्रतीक के रूप में लाखों लोगों के सांस्कृतिक और आध्यात्मिक जीवन में उनकी स्थायी विरासत को दर्शाती

है। उनका उदाहरण पौराणिक कथाओं से परे है और अस्तित्वगत ताने-बाने का हिस्सा बन जाता है जो व्यक्तियों और समुदायों को उनके दैनिक संघर्षों और आकांक्षाओं में सहारा देता है। उनके मूल्यों को अपनाकर, हनुमान पीढ़ियों को एक उच्च उद्देश्य के लिए प्रयास करने और अधिक अर्थ और प्रभाव के जीवन जीने के लिए प्रेरित करते हैं।

20

"हनुमान चालीसा" के उनचालीसवें और चालीसवें छंद

"हनुमान चालीसा" के उनचालीसवें और चालीसवें छंद हनुमान की भक्ति के माध्यम से मुक्ति का गहन आश्वासन प्रदान करते हैं, जो उनके भक्तों को प्रदान की जाने वाली आध्यात्मिक मुक्ति के सार को समेटे हुए हैं। यह खंड न केवल मोक्ष (जन्म और मृत्यु के चक्र से मुक्ति) के परम आध्यात्मिक लक्ष्य को उजागर करता है, बल्कि इसे दैनिक जीवन में भक्ति के व्यावहारिक अनुप्रयोगों से गहराई से जोड़ता है। शिक्षाएँ इस बात पर जोर देती हैं कि हनुमान को समर्पित एक जीवन, जो धर्म और सेवा से परिपूर्ण है, व्यक्तिगत और आध्यात्मिक स्वतंत्रता दोनों का मार्ग प्रशस्त कर सकता है।

हिंदू दर्शन में मुक्ति की अवधारणा एक गहन और जटिल विषय है, जिसे अक्सर मानव जीवन के अंतिम उद्देश्य के रूप में देखा जाता है। मुक्ति केवल भौतिक अस्तित्व के अंत के बारे में नहीं है, बल्कि यह आत्मा की सांसारिक कष्टों और मोह से मुक्ति को भी दर्शाती है। इन छंदों में हनुमान की भक्ति को इस स्थिति को प्राप्त करने के लिए एक प्रत्यक्ष मार्ग के रूप में प्रस्तुत किया गया है। हनुमान स्वयं पूर्ण भक्ति और सेवा के प्रतीक हैं, और उनका जीवन मुक्ति प्राप्त करने के लिए आवश्यक सद्गुणों का उदाहरण देता है।

हनुमान की भक्ति केवल अनुष्ठानिक पूजा तक सीमित नहीं है; इसमें उनके गुणों को अपनाना भी शामिल है—उनकी शक्ति, साहस, विनम्रता और अच्छाई के प्रति अटूट प्रतिबद्धता। इन दिव्य गुणों के साथ अपने कार्यों को संरेखित करके, भक्त अपने आध्यात्मिक और नैतिक चरित्र को ऊंचा कर सकते हैं, जिससे मुक्ति के करीब पहुंच सकते हैं। यह संरेखण अहंकार को समाप्त करने में मदद करता है, जिसे कई आध्यात्मिक परंपराओं में मुक्ति के प्राथमिक बाधा के रूप में माना जाता है।

भक्ति का अंतिम उद्देश्य चाहे आध्यात्मिक मुक्ति हो, लेकिन इसका दैनिक जीवन के लिए महत्वपूर्ण व्यावहारिक प्रभाव भी है। हनुमान पर ध्यान, प्रार्थना और जाप के माध्यम से की जाने वाली भक्ति व्यक्तियों को उद्देश्य और दिशा की भावना प्रदान करती है। यह सकारात्मक दृष्टिकोण को बढ़ावा देती है, शांति स्थापित करती है और नैतिक दुविधा या व्यक्तिगत कठिनाई के समय मार्गदर्शन प्रदान करती है।

हनुमान की भक्ति निःस्वार्थता और सेवा के अभ्यास को भी प्रोत्साहित करती है। हनुमान के पौराणिक सेवाकार्य न केवल आध्यात्मिक रूप से उत्थान करते हैं बल्कि व्यावहारिक रूप से दया और उदारता के कार्यों को भी प्रेरित करते हैं। ये कार्य व्यक्तिगत विकास और समाज कल्याण में योगदान करते हैं, सामाजिक ताने-बाने को मजबूत करते हैं और एक अधिक करुणामय समुदाय बनाने में सहायता करते हैं।

हनुमान की भक्ति में संलग्न होना भी व्यक्तिगत परिवर्तन की यात्रा है। यह लोभ, क्रोध और काम जैसे निम्न प्रवृत्तियों को त्यागने और करुणा, साहस और ज्ञान जैसे उच्च गुणों के विकास को प्रोत्साहित करती है। यह परिवर्तन मुक्ति की अवधारणा के लिए आवश्यक है, जो न केवल आत्मा की पुनर्जन्म के चक्र से मुक्ति को दर्शाता है बल्कि उन नकारात्मक प्रवृत्तियों से भी स्वतंत्रता प्रदान करता है जो जीवन में कष्ट का कारण बनती हैं।

भक्ति का मार्ग शुद्ध और उत्थानकारी दोनों है, जो भक्तों को उनकी सीमाओं से ऊपर उठने और एक उच्च चेतना की अवस्था को अपनाने में सहायता करता है। यह व्यक्तिगत उत्थान आध्यात्मिक मुक्ति प्राप्त करने की ओर एक महत्वपूर्ण

कदम है, क्योंकि यह व्यक्ति को दिव्य गुणों के साथ अधिक निकटता से संरेखित करता है।

सार रूप में, हनुमान की भक्ति एक पुल के रूप में कार्य करती है जो जीवन के आध्यात्मिक और व्यावहारिक पहलुओं को जोड़ती है। यह एक व्यापक दृष्टिकोण प्रदान करती है जो अस्तित्व के आध्यात्मिक, नैतिक और सामाजिक आयामों को बढ़ाती है। यह समग्र विकास मुक्ति के लिए आवश्यक है, क्योंकि यह सुनिश्चित करता है कि आध्यात्मिक प्रगति व्यावहारिक नैतिक जीवन के साथ संतुलित है।

अंत में, "हनुमान चालीसा" के यह छंद जो हनुमान की भक्ति के माध्यम से मुक्ति पर केंद्रित हैं, एक गहन आध्यात्मिक सत्य को उजागर करते हैं—कि मुक्ति एक अमूर्त अवधारणा नहीं है बल्कि एक मूर्त अवस्था है जिसे भक्ति, सद्गुण और सेवा के दैनिक कार्यों के माध्यम से प्राप्त किया जा सकता है। हनुमान का जीवन एक समर्पित सेवक और मार्गदर्शक के रूप में यह प्रदर्शित करता है कि आध्यात्मिक आकांक्षाओं को व्यावहारिक कर्तव्यों के साथ संतुलित करके एक संतोषजनक जीवन कैसे जिया जा सकता है।

उद्धरण और संदर्भ

यह पुस्तक व्यापक अनुसंधान और सूक्ष्म विश्लेषण का परिणाम है, जिसमें विभिन्न स्रोतों जैसे अनेक पुस्तकों, विद्वानों के अध्ययन और व्यक्तिगत अनुभवों को सम्मिलित किया गया है। इसके अतिरिक्त, मैंने इस कार्य को संकलित करने के लिए प्रासंगिक जानकारी और आंकड़े जुटाने हेतु विभिन्न वेबसाइटों की भी खोज की है। मैंने प्रस्तुत जानकारी की सटीकता सुनिश्चित करने के लिए हर संभव प्रयास किया है और सभी स्रोतों का विधिपूर्वक उल्लेख किया है ताकि उनके योगदान को सम्मानित किया जा सके।

इन प्रयासों के बावजूद, अनजाने में त्रुटियाँ होने की संभावना बनी रहती है। मैं अपने पाठकों के विचारों को अत्यधिक महत्व देता हूँ और किसी भी ऐसी त्रुटि की पहचान करने और उसे सुधारने के लिए आपके फीडबैक का स्वागत करता हूँ। मैं आपसे आग्रह करता हूँ कि किसी भी प्रकार की विसंगतियों को मेरी जानकारी में लाएँ।

आपका फीडबैक न केवल स्वागत योग्य है बल्कि अत्यावश्यक भी है, क्योंकि यह वर्तमान संस्करण में सुधार लाने और भविष्य के संस्करणों की सामग्री को और बेहतर बनाने में मदद करेगा। मैं अपनी कृतियों में उच्चतम स्तर की सटीकता और विश्वसनीयता बनाए रखने के प्रति प्रतिबद्ध हूँ और आपके समर्थन और समझ के लिए धन्यवाद देता हूँ।

इसके अतिरिक्त, मैं संविधान के अनुच्छेद 19(1)(क) के तहत गारंटीकृत अभिव्यक्ति की स्वतंत्रता के सिद्धांत का दृढ़ता से पालन करती हूँ और अपने सभी पाठकों के विविध दृष्टिकोणों और अभिव्यक्तियों का सम्मान करता हूँ।

Other Books Of The Author

1. Empowering Minds: A Journey into Women's Self-Discovery and Power
2. The Dynamics of Motivation: Catalyzing Thought into Action
3. Meditation and Mental Well Being: The Path to Inner Peace and Clarity
4. The Psychology of Child Education: Nurturing Future Generations
5. Ethical Enlightenment: A Modern Guide to Living with Integrity
6. Voices of Empowerment: Stories of Women Rising Against Odds
7. Social Psychology in Everyday Life: Understanding Human Connections
8. The Essence of Motivational Speaking: Inspiring Change in Others
9. Balancing Acts: Women, Work, and the Will to Lead
10. Guiding with Grace: Raising Children with Compassion and Awareness
11. The Power of Positive Aging: Embracing Life After Fifty
12. Building Resilient Communities: Social Work in Action
13. The Ethical Educator: Principles for Teaching and Learning
14. Innovative solutions for Social Change: The Role of Social Psychology for crafting a Better World
15. The Ethics of Empathy: A Guide to Ethical Living
16. The Science of Empowering the Self: Navigating Life's Challenges with Psychological Wisdom
17. The Mindful Conscious Leader: Meditation Techniques for Modern Management
18. Pioneering Spirit: Women's Pathways to Leadership and Empowerment
19. Feeling to Healing: The Role of Emotional Intelligence in Child Development
20. Transformative Talks and Words of Inspiration: Insights into

43. Altruistic Alchemy: Transforming Lives Through Giving
44. The Blueprint of Pro-Activeness and Productivity: Crafting Habits for Success
45. The Simplicity with Grounded Wisdom: Embracing Authenticity in a Complex World
46. Secret of Solopreneur's Odyssey: Navigating the Path to Self-Employment
47. Exploring Tapestry of Peace: Global Perspectives on Harmony
48. The Art and Actions of Connection: Mastering Communication for Impact
49. She Governs and at the Helm: Strategies for Political Empowerment
50. Rising Above and Rising with Grace: A Woman's Roadmap to Career Mastery
51. The Effect of Networking & Connectedness: Building Strategic Alliances for Women
52. Beyond his Barriers: Women Thriving in Male-Dominated Fields
53. Secret of Inner Compass: Navigating Life with Intuition
54. Creative & Pro-Active Muses: A Celebration of Women in the Arts
55. Unburdened: The Art of Releasing the Past
56. Amplified Voices: Speeches of Women that Astonished the World
57. Secret of Manifesting Dreams: A Woman's Guide to Intentional Living
58. Ethics and Value Based Education: Reimagining Japan's School System
59. The Moral Compass Curriculum: A Holistic Approach
60. Tech with Heart: Integrating Ethics into Digital Learning
61. Honoring Virtue: Recognizing Ethical Excellence in Education
62. Raising Good Humans: A Guide to Character Development
63. The Spark Within: Nurturing Creativity in Children
64. The Teenager Whisperer: Navigating Adolescence with Grace
65. Igniting a Passion for Learning: Inspiring Lifelong Curiosity
66. The Habit Lab: Cultivating Positive Behaviors in Children

☙

Contact

Dr. Minakshi Bansal
Social Activist
Ahmedabad, Gujarat, Bharat
dhanyamfoundation@gmail.com

|| LOKAHA SAMASTHAHA SUKHINO BHAVANTU ||

• 89 •